falter I

Adam Bittleston

EINSAMKEIT

VERLAG FREIES GEISTESLEBEN

Aus dem Englischen übersetzt von Susanne Lenz
Die Originalausgabe erschien unter dem Titel
«Loneliness»
bei Floris Books, 21 Napier Road, Edinburgh, Scotland.

CIP-Titelaufnahme der Deutschen Bibliothek
Bittleston, Adam:
Einsamkeit / Adam Bittleston.
[Aus d. Engl. übers. von Susanne Lenz]. –
Stuttgart : Verl. Freies Geistesleben, 1989
(Falter ; 1)
Einheitssacht.: Loneliness ⟨dt.⟩
ISBN 3-7725-1051-5

NE: GT

Schutzumschlag: Walter Schneider unter Verwendung einer
Grafik von Doris Hecht
Deutsche Ausgabe:

Satz und Druck: Offizin Chr. Scheufele, Stuttgart
Buchbinder: Riethmüller, Stuttgart

Inhalt

Wo die Einsamkeit anfängt

Jemand, der starken Schmerz empfindet, wird kaum nach einem Buch über den Schmerz fragen. Was er braucht, ist Linderung seines Schmerzes und – sofern möglich – die Beseitigung von dessen Ursache. Jemand, der sehr an Einsamkeit leidet, will nicht sich darüber unterhalten, was Einsamkeit ist – er braucht die rechte Art von Gesellschaft. Dennoch mag das vorliegende Buch seinen Nutzen haben. Vielleicht trägt es dazu bei, daß die, die nicht einsam sind, die Einsamkeit anderer verstehen oder sogar einsehen, wie tief und vielfältig deren Wurzeln oft sind – die Nicht-Einsamen werden dann vielleicht weniger dazu neigen, den Einsamen mit leichter Verachtung zu begegnen, und besser imstande sein zu helfen. Denn es steht fest, daß die Menschen eine ausgeprägte Neigung besitzen, Verachtung denjenigen gegenüber zu verspüren, die in Not sind. Dies zeigt sich besonders im Umgang mit psychisch Kranken; die älteren Bezeichnungen für ihre Art von Kranksein werden ausnahmslos in sehr abschätzigem Sinn gebraucht, und sogar die psychisch Kranken selbst neigen dazu, sich zu verachten. Genau so verhält es sich mit der Einsamkeit, wenn auch nicht ganz so offensichtlich. Wenn wir von jemandes Einsamkeit erfahren, so denken wir meist, daß die betreffende Person irgendwie selbst daran schuld sei. Und selten geben wir zu, selbst einsam zu sein.

Es gibt jedoch eine überraschende Anzahl alleinlebender Menschen, die in der Begegnung mit einem einfühlsamen Zuhörer mitteilen, daß sie sich einsam, ja vielleicht sogar verzweifelt einsam fühlen. Für diese Erfahrungstatsache liegen zwar keine statistischen Zahlen vor, aber die verhältnismäßig wenigen Forscher auf diesem Gebiet sind zu einigen bemerkenswerten Ergebnissen gelangt. So scheint zum Beispiel die Zahl derer, die einsam sind, unter den alleinlebenden Vierzigjährigen besonders hoch, nicht etwa unter den Sechzig- oder Siebzigjährigen, wie vielleicht zu erwarten wäre. Sowohl auf dem Land wie in der Stadt leiden Menschen unter Einsamkeit, und das hat spürbare Auswirkungen auf die körperliche Gesundheit, speziell im Hinblick auf Herzerkrankungen. Es scheint weitgehend Einigkeit darüber zu herrschen, daß das Leiden an der Einsamkeit in unserer Gesellschaft ständig zunimmt und daß, wenn auch beträchtliche Anstrengungen vor allem von jungen Menschen unternommen werden, bei weitem nicht alles dagegen getan wird.

Es sind aber keinesfalls nur die Alleinlebenden, die unter Einsamkeit leiden. Wahrscheinlich erfährt fast jeder einmal zu irgendeinem Zeitpunkt seines Lebens und auf irgendeiner Ebene seines Daseins diesen Schmerz. Auch manche sehr beschäftigt wirkende Menschen mit einer lebhaften und warmherzigen Familie um sich mögen die tiefe Empfindung haben, daß die Kontakte, die sie unterhalten, in gewisser Beziehung nicht annähernd ihren Kommunikationsbedürfnissen entsprechen. Die Romanautorin Georgette Heyer hatte einen treuen Ehemann, der sich sehr für ihre Arbeit interessierte, einen liebevollen Sohn, eine liebevolle Schwiegertochter und Tausende von Lesern, die von ihren romantischen, aber scharfsinnigen historischen Komödien begeistert waren, und dennoch behauptet ihr Biograph, daß sie in ihren späteren Lebensjahren an Einsamkeit litt.

Woran lag das? Ich glaube, daß Georgette Heyer sich allein fühlte, weil sie eine wahre Künstlerin auf ihrem speziellen Gebiet war. Die Menschen haben Freude daran, unterhalten zu werden, aber selten erkennen sie, wie schwer die Kunst der Unterhaltung eigentlich ist. Schauspieler fühlen sich zu tragischen Rollen hingezogen, obwohl Rollen in echten Komödien ihnen sehr viel größere schauspielerische Fähigkeiten abverlangen. Eine große Zahl von Georgette Heyers Lesern schätzt die romantische Handlung ihrer Romane; viele bemerken auch die gewissenhafte Sorgfalt, die sie auf historische Details, besonders auf sprachliche, verwandte. Doch hat es den Anschein, als ob nur wenige die Autorin als wirkliche Künstlerin schätzten; sie selbst tat es nicht einmal. Oft schrieb sie in verächtlichem Ton über ihre eigene Arbeit, wie es so manche großen Künstler getan haben. Sie hätte wohl einige andere Künstler als liebevolle Gesprächspartner gebraucht.

Oder nehmen wir das Beispiel eines verstorbenen Arztes, der viele Jahre lang sehr gute Arbeit in seinem Beruf geleistet hatte. Zeit seines Lebens war er von der

Zuneigung sowohl seiner Patienten als auch seiner Mitarbeiter umgeben gewesen, und viele beurteilten seine Arbeit als außergewöhnlich erfolgreich. Doch vertrat er die Auffassung, daß bestimmte, heute sehr verbreitete Behandlungsmethoden auf lange Sicht gesehen schädlich und ethisch falsch seien. Wo er konnte, versuchte er, so viele Ärzte als möglich davon zu überzeugen, aber seine Bemühungen erwiesen sich als nahezu ergebnislos. Auf dieser für ihn sehr wichtigen Daseinsebene waren seine letzten Lebensjahre einsam und unglücklich.

Es braucht Mut und ein fortwährendes Bemühen um Selbsterkenntnis, das eigene Leben Revue passieren zu lassen und festzustellen, wie sich verschiedene Formen des Alleinseins gebildet haben. Aber es lohnt sich, dies zu wagen, nicht nur wegen der Konsequenzen für uns selbst, sondern auch als Hilfe, andere zu verstehen. Den Uranfang des Alleinseins müssen wir allerdings außerhalb der Reichweite unserer Erinnerung suchen, im Augenblick der Geburt nämlich, wenn wir von der schützenden Hülle des Mutterleibs und vielleicht auch dem Klang des mütterlichen Herzschlags getrennt werden. Zum gleichen Zeitpunkt beginnen die ersten Versuche sich zu verständigen – mit unzufriedenem Geschrei und gespanntem Lauschen nach Stimmen; auch die mißlungenen Verständigungsversuche blieben nicht aus.

Das vorliegende Buch macht sich jedoch die Ansicht zu eigen, daß die Ereignisse von Schwangerschaft und Geburt nicht einen absoluten Anfang darstellen, sondern die Fortsetzung einer langen Geschichte, die bis in die Welten des Geistes und früheren irdischen Lebens zurückreicht. Das ist keine willkürliche, der Phantasie entsprungene Vorstellung, sondern war noch bis vor kurzem eine von vielen Menschen geteilte Überzeugung. Sie ist in unserem Jahrhundert durch die sorgfältige und gewissenhafte geistige Forschungsarbeit Rudolf Steiners bestätigt worden; und die meisten Menschen, die die Bereitschaft aufbringen, diese Auffassung vom Wesen des Menschen nachzuvollziehen, indem sie betrachten, was sie selbst und andere erlebt und erfahren haben, werden, wie ich glaube, feststellen, daß sie die Begebenheiten und persönlichen Erfahrungen der Vergangenheit in einem anderen Licht erscheinen läßt.

In der Welt des Geistes, aus der unsere Seelen auf die Erde gekommen sind, mangelt es nicht an Kommunikation. Dort haben wir nicht von außen, sondern gleichsam von innen jenen Wesen zugehört, die in der ältesten christlichen Überlieferung als die Hierarchien der Engel bezeichnet wurden.

Um uns auf der Erde zu verständigen, müssen wir unsere körperlichen Sinne gebrauchen, vor allem das Hören und Sehen. Doch was wir hören und sehen, interpretieren wir nur sehr mangelhaft. In mancher Beziehung bleibt diese Unvollkommenheit das ganze Leben bestehen. Die Menschen unterscheiden sich sehr in der Sprache, die sie benutzen, und in der Art und Weise, wie sie sie benutzen. Und überdies unterscheiden sie sich in ihrer Gestik und Mimik. Kinder ahmen die Sprechweise und den Ausdruck von Erwachsenen nach und beginnen recht bald, zu widersprechen und

Fragen zu stellen. Oft werden die Gründe ihres Widerspruchs verkannt und ihre Fragen nicht beantwortet. (Ich erinnere mich daran, daß ich als Kind gescholten wurde, wenn ich widersprach. Damals fragte ich mich, wie man denn antworten sollte ohne «wieder» zu sprechen.)

Aus den gescheiterten Verständigungsversuchen vermag sich indes das Bewußtsein der Individualität zu entwickeln. «Ich bin es, der nicht verstanden worden ist; ich bin es, der etwas wissen will, das ihm nicht gesagt wird.» Erwachsene wirken nicht gerade sehr gescheit oder zumindest schlecht informiert, wenn es zum Beispiel um Fragen wie die geht, warum das Gras grün ist oder die Zeit davonläuft. Keine der Fragen, die ein Kind stellt, ist wirklich unsinnig; meist verbirgt sich hinter ihnen einer der Aspekte des Unterschieds zwischen der höheren Welt des Geistes und dieser Erde. In manchen Fällen hat die Mutter oder sonst jemand eine durchaus befriedigende Antwort zu geben. Doch im allgemeinen ist das nicht der Fall, und je stärker die Ahnung in einem Kind vorhanden ist, aus einem anderen Reich gekommen zu sein, desto wahrscheinlicher wird es ganz aufhören, bestimmte Fragen zu stellen, oder es wird eine Reihe von Jahren warten, bis der richtige Lehrer gefunden ist. In der Zwischenzeit wird es jedoch sehr einsam sein.

Es kann sich aber auch Entfremdung einstellen, nicht weil die Seele des Kindes anders wäre als die seiner Nächsten, sondern weil diese das Kind irgendwie ungewöhnlich finden. Unbarmherzig beobachten sie die winzigsten Einzelheiten, die an sich gar nicht als anstößig betrachtet zu werden brauchen, die aber bloß aufgrund ihrer Andersartigkeit den Spott geradezu herauszufordern scheinen, zum Beispiel, wenn die Augen verschiedenfarbig sind. In solchen Fällen mag keine wirklich menschliche Beziehung möglich sein.

Mit dem Eintritt in die physische Welt haben wir die Sinnesorgane angenommen. Sie geben uns Kunde über den Kosmos, die große Welt, in dem wir leben, und über die anscheinend so kleine Welt, die wir selbst sind, obwohl auch diese in Wahrheit grenzenlos ist. Zu unseren Sinnestätigkeiten zählen jedoch nicht nur die vertrauten wie Fühlen, Riechen, Schmecken, Sehen oder Hören, sondern auch jene, die uns die Vorgänge in unserem Leib oder die feineren Nuancen dessen, was in unserer Umwelt gesprochen und gedacht wird, vermitteln. Rudolf Steiner hat die Sinnesorganisation gelegentlich als großen zwölfteiligen Kreis dargestellt, in dem sich benachbarte Sinne in bestimmter Hinsicht gleichen, jeder einzelne aber auch von den anderen verschieden ist.

Die Beschaffenheit und der hohe Entwicklungsstand unserer Sinne haben sehr viel mit der Erfahrung der Einsamkeit zu tun; davon geht unsere detailliertere Untersuchung aus, sowohl der Umstände, die Einsamkeit hervorrufen, als auch der Maßnahmen, die dazu beitragen können, den Schmerz des Alleinseins zu lindern. Danach werden wir die Beziehungen innerhalb der Familie und ihre Auswirkungen auf unsere spätere Fähigkeit, uns mit unseren Mitmenschen zu verständigen, betrachten. Die Menschen benötigen aber nicht nur ihresgleichen; die feinere Entwicklung unserer Sinne versetzt uns in die Lage, uns einem Reich zu nähern, das gegenwärtig kaum Beachtung bei den Erwachsenen findet, dessen Bewohner jedoch gerne den Dialog mit uns aufnehmen würden – das Reich der Elementarwesen in der Natur. Durch die Betrachtung der Familie werden wir noch eine weitere Form der Gemeinschaft kennenlernen, mit der unser Kontakt fast gänzlich abgebrochen ist: die große Schar jener Menschen, die durch den Tod gegangen sind. Und schließlich werden wir versuchen, uns zu veranschaulichen, wie sich all die irdischen und himmlischen Wesen in der Vergangenheit entwickelt haben, wie sie noch in Entwicklung begriffen sind und wie sie sich gegenwärtig und zukünftig weiterentwickeln werden – mit der menschlichen Erfahrung der Einsamkeit als einer notwendigen Durchgangsstation.

Der Kreis der zwölf Sinne

In den ersten Kindheitsjahren nimmt der Gebrauch der Sinne eine rasche Entwicklung, und ein Großteil der Verständigungsversuche zwischen Kindern und Erwachsenen ist mit dieser Entwicklung befaßt. Von besonderer Bedeutung ist für das Kind die Entdekkung, wie die Erwachsenen auf die wunderbare, neue und gemeinsam erfahrene Welt reagieren, stehen doch seine eigenen Erfahrungen sehr oft in markantem Widerspruch zu denen der Erwachsenen. Kleinkinder zum Beispiel lieben den Schlamm, Erwachsene hingegen merklich weniger. Unzählige Probleme dieser Art begegnen dem Kleinkind. Für diese wird es durch gemeinsam geteilte Freuden, beispielsweise wenn ein Erwachsener mit ihm tanzt, entschädigt. Oft hilft der beglückende Prozeß, den Dingen einen Namen zu geben, daß Freuden und Leiden gemeinsam geteilt werden können.

Doch schon bald zeigen sich die Auswirkungen individueller Unterschiede im Gebrauch der Sinne. Das Kind mag über ein beeinträchtigtes oder ein außergewöhnlich sensibles Sinnesorgan verfügen. Beides führt sehr häufig zum Gefühl der Einsamkeit. Des öfteren irritieren sich die Menschen gegenseitig damit, daß sie verschieden auf einen Anblick, ein Geräusch oder einen Geruch reagieren – oder sogar einen bestimmten Sinneseindruck überhaupt nicht wahrnehmen. Diese Irritation sollte nicht unbeachtet bleiben. Wenn wir uns darin üben wollen, die Menschen, mit denen wir umgehen, zu verstehen und gern zu haben, kann es sich als hilfreich erweisen, uns Gedanken über die Beschaffenheit ihrer Sinneswahrnehmungen sowie ihrer Reaktionen auf diese zu machen. Einige Menschen bringen in ihre Wahrnehmung der Wirklichkeit viel mehr von ihrem vorgeburtlichen Leben ein als andere. Obgleich sie keine Erklärung dafür haben mögen, sind sie vielleicht tief bewegt über den erstaunlichen Unterschied zwischen dem Anblick eines Dings in der Welt des Geistes und seiner irdischen Erscheinung. (Ein herausragendes Beispiel dafür ist die kindliche Tagebuchschreiberin Opal Whiteley, die bei verständnislosen Pflegeeltern aufwuchs und in ihrer geheimen Einsamkeit die «Sternenlieder der Kartoffel» verfaßte.)

Alle Sinne sind von der Inbesitznahme unseres physischen Leibes abhängig. Sie vermitteln uns Fakten und Geschehnisse der physischen Welt, wobei einige von ihnen der geistigen Wirklichkeit näher scheinen als andere. Rudolf Steiner hat die zwölf Sinne mehrfach sowohl schriftlich als auch in Vorträgen in folgender Reihenfolge genannt:

Tastsinn
Lebenssinn
Bewegungssinn
Gleichgewichtssinn

Geruchssinn
Geschmackssinn
Gesichtssinn
Wärmesinn
Gehörsinn
Sprachsinn
Gedankensinn
Ich-Sinn

Manche der hier aufgeführten Sinne bedürfen einer näheren Erläuterung, wenn wir auf sie zu sprechen kommen. Die vorgenannte Reihenfolge kann als aufsteigend betrachtet werden, aber auch als Kreis, in dem der Tastsinn und der Sinn zur Wahrnehmung eines anderen Menschen-Ich unmittelbar aufeinandertreffen. Um den Zusammenhang zwischen den Sinneswahrnehmungen und der Erfahrung der Einsamkeit zu verdeutlichen, beginnen wir unsere Betrachtung mit dem Lebenssinn und beenden sie mit dem Tastsinn.

Vom Lebenssinn zum Wärmesinn

Mit Hilfe des Lebenssinns spüren wir, ob sich unser physischer Leib wohl fühlt und voller Tatkraft steckt oder ob er erschöpft ist und Ruhe benötigt. Das Gefühl für die Lebensverfassung unseres Organismus neigt aber dazu, sich in Extremen zu äußern. Viele Menschen empfinden zwar die meiste Zeit ihres Lebens weder einen Überschuß an Energie noch einen schmerzlichen Mangel daran; manche hingegen sind so von ihrer Gesundheit eingenommen und überzeugt, daß sie eine ausgeprägte Neigung zeigen, jedem, der sich erschöpft oder unwohl fühlt, mit Geringschätzung zu begegnen. Andere wiederum fühlen sich zumindest über einen längeren Zeitraum ihres Lebens hinweg niemals wohl; ihr Lebenssinn registriert ständig einen ermatteten physischen Leib. Derartig auffällige Unterschiede führen unausweichlich zu einem Gefühl der Einsamkeit – jedenfalls bei demjenigen, der sich erschöpft fühlt, während alle anderen vor Kraft zu strotzen scheinen. Im Zustand des Schmerzes oder im Falle ernsthafter Erkrankung kann die Seele sich zutiefst einsam und im Körper eingesperrt fühlen und mag schließlich zu der Erkenntnis gelangen, daß kaum jemand ihre Verfassung spürt mit Ausnahme derjenigen, die zur gleichen Zeit das gleiche Schicksal erleiden wie zum Beispiel die Patienten einer Krankenhausstation. Unter ihnen kann sich wie früher bei jenen Gruppen von Aussätzigen, die noch bis ins Mittelalter gemeinsam viele Länder durchwanderten, ein Gemeinschaftsgefühl entwickeln, das ihren Schmerz zu lindern vermag.

Aber es gibt noch andere, feinere Unterschiede in den Wahrnehmungen, die der Lebenssinn vermittelt, die daher rühren, daß wir verschiedene Leiber bewohnen. Es ist nicht dasselbe, mit einem hochgewachsenen, schlanken Körper oder einem gedrungenen, untersetzten geboren zu sein. Die Harmonie oder Disharmonie in den Proportionen wird nicht nur von denjenigen bemerkt, die uns von außen beobachten, sondern wird auch in uns selbst durch den Lebenssinn spürbar. Wir können sogar versuchen, nicht nur das wahrzunehmen, was unser eigener Lebenssinn von Zeit zu Zeit mitteilt, sondern auch einen Teil von dem, was andere durch ihren Lebenssinn über kürzere oder längere Zeiträume erfahren. Manche besonders dicke Menschen mögen sich zum Beispiel sehr an ihren Zustand gewöhnt haben, obgleich sich fortwährend etwas in ihnen bitterlich beklagt und schließlich verärgert protestiert, wenn sie sich anschicken, an einem heißen Tag einen Berg zu besteigen. Es kann für das Leben von großer Bedeutung sein, hin und wieder das Gespräch über solche Erfahrungen zu pflegen, auch wenn dies nur mit den Menschen der nächsten Umgebung möglich sein sollte.

Der Bewegungs- und der Gleichgewichtssinn sind so eng miteinander verknüpft, daß wir sie an dieser Stelle gemeinsam behandeln können. Auch in ihrem Fall gilt, daß wir uns als Teil einer Gemeinschaft fühlen und glücklich sind, wenn unsere Bewegungen (und unsere Wahrnehmung von deren Ausführung) mit denen unserer Mitmenschen in Einklang stehen. Ein Kleinkind etwa kann sich sehr allein fühlen, wenn es bemerkt, daß andere Kinder schon laufen können, während es selbst diese Fähigkeit noch nicht erlangt hat. Und auch ein Erwachsener, der sich unsicher oder unbeholfen bewegt oder dem es verwehrt ist, bestimmte Bewegungen auszuführen, mag unvermittelt von einem heftigen Gefühl der Einsamkeit befallen werden. Ein Kind, das auf einer Mauer entlangbalanciert oder Fahrradfahren lernt, freut sich an seinem

Gleichgewichtssinn; ist dieser auch nur für einen kurzen Zeitraum beeinträchtigt, so scheint ein Teil der menschlichen Würde bedroht. Aber zu zweit einen Grashang hinunterlaufen oder in einer Gruppe Schlittschuh fahren – das macht große Freude.

Mit dem Geruchs-, Geschmacks- und Gesichtssinn überschreiten wir die Grenzen unseres Körpers und nehmen Eigenschaften der äußeren Welt wahr. Es braucht uns hier nicht aufzuhalten, daß manche Philosophen Sinneseindrücke wie Geruch, Geschmack und Farbe häufig als gänzlich subjektiv bezeichnet haben. In Wahrheit existiert in unserer Erfahrung nichts, das entweder völlig subjektiv oder völlig objektiv ist; überall gibt es Berührungspunkte zwischen Mensch und Umwelt, und jede Seite trägt ihren Teil zur Erfassung von Wirklichkeit bei. Im allgemeinen werden Geruchs- und Geschmackswahrnehmungen, die entweder Wohlbehagen oder deutliches Unbehagen auslösen, sehr intensiv von allen geteilt, besonders unter Kindern. Ein großes Eßzimmer, in dem viele Kinder gemeinsam eine Mahlzeit einnehmen, kann für eine Weile in Schweigen getaucht sein – als Folge der Zufriedenheit über ein besonders gelungenes Dessert. Wenn wir älter werden, verfeinert sich unsere Wahrnehmungsfähigkeit von Unterschieden im Geschmack, wenn auch nicht jede Wahrnehmung in der gleichen Weise unseren ganzen Organismus durchdringen wird, wie dies früher der Fall gewesen sein mag. Das Wohlbehagen, das ein Baby beim Trinken der Muttermilch empfindet, oder seine Unzufriedenheit, wenn irgendetwas damit nicht zu stimmen scheint, erfüllen es ganz und gar. Später wird es vielleicht die Begegnung mit einem fremdartigen Geschmack, etwa dem von Käse oder einer Olive, als gänzliches Unglück empfinden – bis in die Zehenspitzen hinunter.

Sowohl Kinder als auch Erwachsene mit unverdorbener, natürlicher Empfindungskraft werden in einem guten Essen, das vielfältige Geschmacksnoten und Wohlgerüche enthält, so etwas wie die Gabe einer gütigen Mutter, ja vielleicht sogar wie die von der Mutter Erde selbst, empfinden. Das ist nicht nur eine poetische Formulierung; eine solche Mutter gibt es tatsächlich, und das einfühlsame Verständnis für die Natur führt uns zu ihr. Die reiche Welt der Geschmacksempfindungen, Gerüche und Farben birgt überall die Spuren jener Elementarwesen, deren gute Geister die treuen und kundigen Diener der Mutter Erde sind. Sie werden selbst heute noch von Kindern wahrgenommen, und ihre Gegenwart und ihr emsiges Tun teilen sich auch manchen Erwachsenen mit.

Unsere Gefühlsreaktionen auf bestimmte Sinneseindrücke sind häufig durch die Beziehung der Elementargeister zu den Vorgängen, die sich um uns herum abspielen, beeinflußt, seien es nun natürliche Vorgänge oder solche, die als Folge der Technik des Menschen zustande gekommen sind. Betrachten wir ganz einfache und vertraute Beispiele. Nahezu jeder läßt sich wohl durch den Duft von frischgebackenem Brot ermuntern oder wird angewidert durch den Geruch angebrannter Milch oder angesengten Gummis. In Gegenden, in denen Fabriken ihre Abwässer und

Abfälle nachts entsorgen, schlafen die meisten Bewohner bei geschlossenen Fenstern. Sollte dann jemand gegen drei oder vier Uhr in der Frühe zufällig ein Bedürfnis nach frischer Luft verspüren, so wird ihm die Welt als äußerst feindlich erscheinen. Und das vermag Menschen, die empfindlich darauf reagieren, an den Rand der Verzweiflung treiben, so als ob sie mit einem Gegner zu kämpfen hätten, der ihnen haushoch überlegen ist.

Einige der Elementargeister, die der großen Mutter Erde dienlich sind, können je nach ihrer Zugehörigkeit zu einem «Element» oder stofflichen Zustand der Materie in verschiedene Gruppen unterteilt werden: Die Gnomen sind der Erde, die Undinen dem Wasser, die Sylphen der Luft und die Feuergeister dem Feuer zugeordnet. Sie lassen in ihrem jeweiligen Element, aber auch in deren Grenzbereichen die Spuren ihres Wirkens erkennen. Unzählige der vorhandenen Geschmacks- und Duftvarianten bezeugen die Gegenwart und das Tun der Undinen und Sylphen in der Pflanzenwelt, zum Beispiel in den erstaunlichen chemischen Prozessen, die in Blättern und Blüten stattfinden – eine Leistung, die auch das Reich der Farben berührt.

Die vielleicht ausführlichste und überzeugendste Darstellung einer Begegnung mit den Elementarwesen in den letzten Jahren ist von einer Frau geschrieben worden, die selbst nie in ihrem Leben mit eigenen Augen Farben gesehen hat. Ursula Burkhard – so heißt die Autorin – hat in ihrem Buch *Karlik* auch im Hinblick auf das Thema der Einsamkeit und des Miteinanders äußerst lehrreich geschrieben.

Ursula Burkhard ist blind zur Welt gekommen und blind geblieben. Ihre frühesten Kindheitserinnerungen betreffen nicht nur das Zusammensein mit Menschen, sondern auch die für sie beglückende Gesellschaft der Elementarwesen. Sobald Ursula sprechen konnte, erzählte sie viel von ihnen, und ihre erwachsenen Zuhörer zeigten sich zunächst erfreut und dachten, daß das Mädchen eine bemerkenswerte Phantasie besäße. Doch als Ursula älter wurde, stellten die Erwachsenen fest, daß sie sich der Existenz jener «anderen Welt» völlig sicher war. Da versuchten sie, Ursula davon zu überzeugen, daß sie sich das alles einbildete, und schärften ihr sogar ein, daß es Sünde sei, an diese Wesen zu glauben, da von ihnen nichts in der Bibel stünde. Es war schwer für das Mädchen zu akzeptieren, daß das, was es selbst erlebte und die anderen nicht, Unsinn oder Sünde sein sollte, während von ihm verlangt wurde, an so vieles zu glauben, was die Erwachsenen ihm erzählten und das nicht seiner eigenen Erfahrung entsprach. Unter diesem Druck wandte Ursula ihre Aufmerksamkeit von den Elementarwesen ab, bis sie aufhörte, die religiösen Überzeugungen der älteren Generation einfach hinzunehmen. Da konnte sie wieder ihre geistigen Sinne der reichen, lebendigen, betriebsamen Welt der Elementargeister öffnen, und diese Wesen waren bereit, ihr eine Menge beizubringen. Sie lernte deren Beziehungen zu den Steinen, Pflanzen, Tieren und Menschen verstehen und begriff auch deren so gänzlich andere Beziehung zu Dingen, die in der Vorstellung des Menschen als festgelegt und endgültig erscheinen wie zum Beispiel

Zahlen oder Größenangaben. Elementarwesen haben weder eine meßbare Größe noch sind sie an einen bestimmten Ort gebunden. In *Karlik* bemüht sich Ursula Burkhard zu verdeutlichen, wie verschieden ihre Wahrnehmungswelt von unseren leiblichen Sinneseindrücken ist, und zur Beschreibung dieser Unterschiede nimmt sie die von Rudolf Steiner verwendeten Begriffe Imagination, Inspiration und Intuition zu Hilfe.

Was Ursula Burkhard darstellt, basiert völlig auf ihrem eigenen Erleben. Die Einsamkeit, die ein Blinder mit einem unabhängigen, freien Geist und großem Talent empfinden muß, wird offenbar ein wenig durch den Trost gemildert, Menschen zu begegnen, die wenigstens die Existenz von Elementarwesen anerkennen, auch wenn dieser Glaube, sofern er nur Theorie bleibt, sie nicht daran hindern wird, mit ihren Gedanken, Worten oder Taten jenen Wesen Kummer zuzufügen. Trotzdem hoffen viele der Elementarwesen auf zukünftige Freundschaften mit den Menschen. Und vielleicht werden diese schließlich ihre einsamen Stunden als Geschenk des Schicksals betrachten, das sie daran erinnert, sich die Möglichkeit solch wunderbarer und überaus hilfreicher Gefährten bewußt zu machen.

Auf dem Weg zur Erkenntnis der Elementarwesen ist es für denjenigen, der über einen normalen Gesichtssinn verfügt, nützlich, sich zu vergegenwärtigen, daß Farbeindrücke nicht in der Weise von den Wahrnehmungsverhältnissen losgelöst erscheinen, wie dies für bestimmte Geschmacksnuancen oder Gerüche zutreffen mag – auch wenn vom Menschen geschaffene Düfte oft aus der Mischung einer großen Zahl von einzelnen Ingredienzen bestehen. Was wir als Farbe wahrnehmen und meist einem bestimmten Gegenstand zuschreiben, zum Beispiel das Gelb eines Briefkastens oder das Blau eines Teppichs, ist in Wahrheit das Ergebnis eines komplexen Zusammenspiels zwischen einer bzw. mehreren Lichtquellen, einer Oberfläche sowie aller übrigen Oberflächen, von denen erstere reflektiertes Licht auffängt, und dem Betrachter. Das Grün eines Blatts zum Beispiel sieht am Mittag, am Morgen, im Abendlicht, unter einem wolkenlosen oder einem bewölkten Himmel, in einem Garten, in einem Park oder auf der Straße jeweils ganz anders aus. Derartige Unterschiede erscheinen vielleicht unwichtig, daher sprechen wir undifferenziert von einer weißen Rose, obwohl wir eine solche in Wirklichkeit nie gesehen haben. Für unsere Seele ist es aber von großer Bedeutung, daß die Farben immer aufeinander einwirken wie Menschen in einem ernsthaften Gespräch. Die große Mutter Erde vergißt niemals, daß sie viele Kinder hat, nimmt weise auf alle Rücksicht und hilft ihnen, gute Beziehungen untereinander zu entwickeln.

Obwohl der Gesichtssinn uns so manchen Streich spielt, trägt er doch mehr als alle anderen Sinnesorgane zu den Gefühlen bei, die wir Menschen in einer gemeinsamen Welt teilen. Daher mag das Anfangsstadium einer Erblindung einen schweren Schock auslösen. Es gibt die Schilderung eines Mannes, der mitten im geschäftigen Treiben eines Londoner Bahnhofs plötzlich das Augenlicht verlor und einen Passanten nach dem anderen um Hilfe bat. Jeder ging ohne ein Wort vorbei und kehrte ihm den Rücken zu. Die Erblindung des Mannes erwies sich als unheilbar, und sein Schmerz darüber war von Bitterkeit geprägt infolge der Gleichgültigkeit und Zurückweisung, die er anfänglich erfahren hatte. Oft ist es aber erstaunlich zu beobachten, wie gut manche Blinde den Verlust ihrer Sehkraft kompensieren. Ein bekanntes Beispiel ist der französische Schriftsteller Jacques Lusseyran, der als Kind an den Folgen eines Unfalls in der Schule erblindete, aber allmählich mit Hilfe einer langsam wachsenden Wahrnehmungsfähigkeit, die nicht an die leiblichen Augen gebunden war, zu einer neuen Form persönlicher Beziehungen fand.

Viele Monate nach seinem Unfall stellte er fest, daß er Farben und Bewegungen wahrnehmen konnte, die sehr viel sowohl über die Menschen als auch über andere Lebewesen seiner Umgebung, wie zum Beispiel die Bäume am Straßenrand, offenbarten. Er nahm wahr, was gelegentlich als «Aura» bezeichnet wird. Diese Fähigkeit schwand zwar, wenn er ärgerlich oder ängstlich war, aber mit der Zeit wurde sie so verläßlich und genau, daß er bei seinem Eintritt in die französische Widerstandsbewegung während des Zweiten Weltkrieges gebeten wurde, mit Hilfe seiner einzigartigen Gabe die Charaktere jener zu beurteilen, die sich um eine Teilnahme an der Résistance bewarben. War der Bewerber vertrauenswürdig oder nicht? Von Lusseyrans Antwort hingen zahllose Menschenleben ab. Für eine geraume Zeit ging alles gut, aber eines Tages geschah es, daß er unsicher wurde und wegen seiner Zweifel zugunsten des Bewerbers entschied. Das erwies sich als Irrtum, und Lusseyran sowie viele seiner Verbündeten wurden gefangengenommen und ins Konzentrationslager gebracht. Er überlebte und machte es sich zur Lebensaufgabe, für die Blinden in aller Welt tätig zu sein, indem er immer wieder die Menschen dazu ermutigte, zu entdecken, wie viel Blinde zu leisten imstande sind.

Vielleicht werden nicht sehr viele Blinde ihr inneres Anschauungsvermögen in dem Maße vervollkommnen können, wie Lusseyran es tat. Aber sie alle, ganz gleich, ob sie von Geburt an blind sind oder erst im Laufe ihres Lebens erblinden, können sich des inneren Lichts, über das sie verfügen, bewußt werden und erkennen, daß es gefördert werden kann.

Wie so viele andere Blinde auch entdeckte Lusseyran, daß er sich in dem Gefühl, einer gemeinsamen physischen Welt anzugehören, bestärken konnte, indem er seine anderen Sinne, zum Beispiel den Tastsinn, in außergewöhnlich hohem Maß einsetzte.

Eine Form des Verlustes, den Blinde erleiden, ist ihre Unfähigkeit, die Farbe von Haut, Haaren, Augen und Kleidung anderer Menschen wahrzunehmen. Die Kleidung aber, die ein Mensch trägt, ist ein wichtiges Mittel nonverbaler Kommunikation; manchmal wirkt sie sogar wie ein Hilferuf. Eine Frau mag zum Beispiel schäbige Sachen in Braun- und Grautönen tragen, um zu signalisieren, daß sie sich nutzlos auf der Welt fühlt und daß sie den Versuch, mitzuteilen, was ihr wichtig ist, so ziemlich aufgegeben hat. Jemand anders ist vielleicht unzufrieden oder aber innerlich aufgerichtet, wenn er eine Uniform zu tragen hat. Und auf vielerlei Art und Weise kann jemand durch die Umstände daran gehindert sein, die Kleidung zu tragen, in der sie oder er sich wohl fühlt und sich zeigen mag, zum Beispiel entweder dadurch, daß man die Kleider seiner älteren Geschwister erbt, oder auch durch Armut. (Elisabeth Kübler-Ross war als Kind gezwungen, dieselben Sachen wie ihre Zwillingsschwester zu tragen, mit der sie nicht viel gemeinsam zu haben glaubte. Aus diesem Grund verstärkte sich das noch, was sie als die Dummheit und das Unvermögen ihrer Freundinnen oder der Familienmitglieder empfand, die Zwillinge auseinanderzuhalten.) Eine andere Form von Einsamkeit tritt auf, wenn jemand bis zu einem gewissen Grad farbenblind ist oder wenig Gefühl dafür hat, ob bestimmte Farben zusammenpassen oder in welcher Weise sie Stimmungen ausdrücken.

Andererseits kann der Gesichtssinn aber auch zu dominierend werden und sich sogar störend auswirken. So mag sich der Gesundheitszustand eines Patienten im Krankenhaus zum Beispiel durch die Farbe des Zimmers verschlechtern. Ein bemerkenswertes und im wahrsten Sinne des Wortes einzigartiges Beispiel stellt das Leben Kaspar Hausers dar, der 1828 im Alter von ungefähr sechzehn Jahren ärmlich gekleidet und kaum in der Lage, zu gehen oder zu sprechen, in den Straßen von Nürnberg aufgefunden wurde. Seine Herkunft konnte nicht völlig geklärt werden, aber ein Großteil der Forschung, die in den vergangenen hundertfünfzig Jahren betrieben wurde, legt nahe, daß er der Sohn des Großherzogs Karl von Baden und seiner Gemahlin Stephanie, der Adoptivtochter Napoleons, gewesen ist. Es scheint, daß er kurz nach seiner Geburt ohne Wissen seiner Mutter gegen ein sterbendes Kind ausgetauscht und dann vierzehn Jahre lang in einer halbdunklen Zelle unter Aufsicht versteckt gehalten wurde. Dort erhielt er nur Brot und Wasser als Nahrung und hatte keinerlei menschlichen Kontakt bis kurz vor seiner Freilassung. Niemand weiß mit Bestimmtheit, wer seine Gefängniswärter waren und welche Absichten sie verfolgten. Doch die Geschichte seiner Gefangenschaft wird im wesentlichen durch die anatomischen Gutachten bestätigt, die ein Arzt erstellte, als Kaspar Hauser sich noch in Nürnberger Polizeigewahrsam befand.

Über einen langen Zeitraum seiner Kindheit und Jugend hatte Kaspar Hauser also einen außerordentlichen Verlust im Hinblick auf die Lebendigkeit seiner Sinnesorgane erlitten. Dies zeigte sich auf vielerlei Weise. Er konnte zwar nachts aus einiger Entfernung die Farben von Gegenständen erkennen, die andere nicht wahrzunehmen vermochten. Der Anblick einer weiten Landschaft im Tageslicht jedoch war für ihn anfänglich äußerst schmerzhaft und wirklich furchtbar. Als er Farben zu unterscheiden und zu benennen lernte, sagte er, daß ihm das Grün der Bäume häßlich vorkäme. Der Geruch von Alkohol verursachte ihm auch auf größere Entfernung hin Übelkeit. Dagegen zeigte er sich tief beeindruckt von den Farben der Kleider anderer Menschen, besonders von Militäruniformen. Er hatte ein außergewöhnliches Gedächtnis;

schon recht bald, nachdem er in Nürnberg berühmt geworden war, konnte er sich an den Namen, die soziale Stellung und Kleidung eines jeden einzelnen erinnern.

Als er von der Polizei freigelassen wurde, nahm sich eine außergewöhnliche Gruppe vornehmer und gebildeter Herren seiner an. Sie hatten den Fall Kaspar Hauser nicht nur in Nürnberg, sondern in fast ganz Europa publik gemacht, und der anfangs völlig vereinsamte Junge wurde für Tausende von Menschen aller Gesellschaftsschichten zum Objekt der Liebe und Fürsorge. Mitglieder vieler Königshäuser jener Zeit, der Aristokratie, der verschiedenen Berufsstände sowie einfache Arbeiter wollten ihm Hilfe und Schutz zukommen lassen. Er war ein Mensch ohne Zugehörigkeit zu irgendeiner Klasse, mit einer Art paradiesischer Unschuld, abgeschreckt durch jegliche Form von Gewalt, sanftmütig und gefühlvoll. Doch nach fünfeinhalb Jahren wurde er niedergestochen. Er starb seinen unbekannten Feinden verzeihend und wähnte, niemand habe ihm ein Leid zugefügt.

Kaspar Hauser war den Tieren, insbesondere Pferden, sehr zugetan. Auch Blinde oder Menschen mit einem teilweise beeinträchtigten Sehvermögen können viel Trost in der Freundschaft finden, die mit Tieren möglich ist, obwohl wir in unserer Kenntnis der Tiere sehr auf unseren Gesichtssinn angewiesen sind. Und immer da, wo eine Anhänglichkeit zwischen einem Menschen und einem Tier besteht – und zwar nicht nur beim Haustier, sondern auch unter Bauern und Schäfern zum Beispiel, die die einzelnen Tiere ihrer Herden mit Namen kennen –, ist auch ein anderes Wesen, wenn auch zunächst unsichtbar sehr emsig zugegen. Es gehört der Gruppe der Feuergeister oder Salamander an.

Diese Elementarwesen verfügen über eine große Schaffenskraft; sie sind zum Beispiel überall dort anzutreffen, wo ein Reifungsprozeß in den Nutzpflanzen stattfindet. Wir brauchen uns aber kein Haustier anzuschaffen, nur um in die Gunst ihrer Gegenwart zu gelangen; wir können diese Geister auch ganz einfach um Hilfe rufen, wenn wir körperliche Schwierigkeiten haben, zum Beispiel aus dem Liegen oder Sitzen aufzustehen, und sie werden uns schon Beistand leisten. Sie haben vor allem an unserem Wachzustand teil und vermitteln uns gute Ideen, während die Undinen lieber unsere Träume durchdringen. Es ist gut, ihre Gesellschaft besonders in der Zeit zwischen Ostern und Hochsommer zu suchen, wenn eine sanfte Wärme das Sich-Öffnen der Blüten begünstigt.

An dieser Stelle spielt auch ein naher Verwandter des Gesichtssinns, der Wärmesinn, eine Rolle. Er erfährt selten Beeinträchtigungen, selbst bei Fieber oder Unterkühlung nicht. Seine Organe sind über die gesamte Hautoberfläche verteilt; und er hat die Aufgabe, die Temperatur des Menschen mit der seiner Umgebung zu vergleichen. Wenn irgendetwas ein wenig unterhalb der durchschnittlichen Hauttemperatur liegt, so wird es als kalt empfunden; liegt es ein wenig darüber, fühlt es sich warm an. Die Temperatur der Haut liegt ein wenig unter der normalen Körpertemperatur, die bei allen Menschen auf der Erde nahezu identisch ist.

Trotz der großen Bandbreite von Temperaturunterschieden in den einzelnen Klimazonen ist unser Organismus erstaunlich anpassungsfähig. Allerdings erscheinen Menschen wesentlich kälteempfindlicher zu sein als Tiere, wenn auch viele freilich äußerst froh sind über ihre eigene Körperwärme oder über eine äußere Wärmequelle.

Doch gerade in diesem Zusammenhang begegnen wir dem Vorurteil, daß nur das Meßbare real sei. Genau so wie angenommen wird, daß Farben im wesentlichen bloß Unterschiede in der Wellenlänge des Lichts bedeuten, wird ebenfalls behauptet, daß Wärme und Kälte lediglich Unterschiede sind, die das Thermometer anzeigt. Wärme ist jedoch wie alles andere auf der Welt eine Offenbarung des Wesenhaften, des Seelischen. Sie ist differenziert nicht nur hinsichtlich der Quantität, sondern auch der Qualität. Das Licht, das von einem Fernsehgerät ausgeht, hat eine meßbar andere Wellenlänge als das Sonnenlicht. Viele Menschen sind heute oft stundenlang einer kargen Versorgung mit Licht ausgesetzt – einer «Licht-Diät», die völlig anders ist als die jahrhundertealte, von Sonne, Mond, Sternen und Feuerschein gebotene. Eine elektrische Heizung strahlt nicht die gleiche Wärme aus wie Kerzen, auch wenn dieser qualitative Unterschied (eine ausreichende Zahl von Kerzen vorausgesetzt) nicht meßbar sein mag. Selbst das menschliche Miteinander ist von der «richtigen Temperatur» abhängig – sowohl mengenmäßig als auch im Hinblick auf die Qualität. Menschen, die den Bedingungen großer Kälte unterworfen sind, neigen im allgemeinen zur Schweigsamkeit, und solche, die in gewissem Umfang ein Mehr an Wärme empfinden, werden gesprächiger. Es ist ein Unglück für die ganze Gesellschaft, wenn Menschen in einer Umgebung leben müssen, die ihnen nicht genug Wärme geben kann. Und es ist auch ein soziales Unglück, wenn sie eine Arbeit haben, in der nicht genügend mitmenschliche Wärme entsteht, oder wenn sie überhaupt keine befriedigende Arbeit besitzen.

Wir sollten niemals die Tatsache vergessen, daß die Menschen echten Kontakt und Kommunikation mit ihren Mitmenschen brauchen. Nichts kann das ersetzen. Dennoch brauchen Zeiten der Einsamkeit nicht nur als Mißgeschick betrachtet zu werden. Man kann auch einen Unterschied in den Arten der Einsamkeit ausmachen, wie das beispielsweise die englische Sprache tut, in dem sie neben dem Wort «loneliness» mit seinen eher negativen Untertönen noch über das Wort «solitude» verfügt. So empfinden viele Menschen, daß die Einsamkeit eine Seite hat, die auch zu schätzen ist und die einem positiven Zweck zugeführt werden kann. Denn in keiner Einsamkeit sind wir wirklich allein. Wir haben die Möglichkeit, unsere Kontakte mit anderen Wesen, auch mit denen, die gewöhnlich als Sachen bezeichnet werden, zu pflegen. Da gibt es bei den sichtbaren Lebewesen nicht nur die Tiere, sondern auch Blumen und Bäume. Es sollte nicht als sentimental oder abergläubisch abgetan werden, wenn behauptet wird, daß eine für beide Seiten bereichernde Form von Kommunikation mit Pflanzen zustande kommen kann. Dazu sind sorgfältige, exakte Experimente unter den gleichen Bedingungen von Wärme, Feuchtigkeit usw., jedoch mit unterschiedlicher Geräuschkulisse gemacht worden, und es zeigte sich wiederholt, daß diejenigen Pflanzen am besten gediehen, die eine freundliche Ansprache durch Menschen erfuhren. Es hatte zudem den Anschein, als gebe es deutliche Unterschiede zwischen den Pflanzen, die verschiedenen Arten von Musik ausgesetzt waren (wenn das das richtige Wort dafür ist). In den vergangenen Jahren ist die Zahl der Zimmerpflanzen enorm gestiegen, und immer mehr Menschen stellen fest, daß die Pflanzen besser gedeihen, wenn man mit ihnen spricht, obwohl es nicht ganz einfach ist, das mit lauter Stimme zu tun, ohne sich albern vorzukommen. Die zwischen Mensch und Pflanze strömende Wärme und Zuwendung sind nicht nur für den jeweiligen Augenblick oder das beschränkte Leben der Pflanze wertvoll, sondern haben bleibenden Wert in den unsichtbaren Welten. Und wir brauchen nicht nur an die lebenden Pflanzen zu denken; jemand, der mit einem Werkstoff pflanzlichen Ursprungs, insbesondere Holz, arbeitet, mag auch ein intensives Verhältnis zu dieser seiner Arbeitsgrundlage haben. Bis vor kurzem noch berücksichtigten japanische Schreiner und Zimmerleute bei ihrer Arbeit die Richtung, in der das Holz im Baum gewachsen war, nicht nur aus praktischen Gründen, sondern auch in dem Glauben, daß es dem Haus, in dem sie arbeiteten, Unglück brächte, wenn sie es nicht täten.

Wahrscheinlich weiß fast jeder, daß es ganz besonders wohltuend sein kann, die Einsamkeit im Freien, in einer schönen Landschaft oder am Meer aufzusuchen, auch wenn es einen in Verlegenheit bringt, wenn andere uns fragend oder gar mißtrauisch von der Seite ansehen. Die Luft, die in der freien Natur an uns vorüberstreicht, kann plötzlich lebendig werden, und die Vögel beginnen, uns mit ihrem Gesang zu offenbaren, was sie von den Sylphen erlernt haben. Wir sind nur im Kopf so von den Elementarwesen abgeschnitten; von den Schultern an abwärts sind wir uns ihrer immer unbestimmt bewußt, und in der Natur können wir versuchen, das Gespräch mit ihnen aufzunehmen.

Es gibt ein wunderschönes, altes irisches Märchen über einen buckligen Korbmacher in einem Dorf. Er heißt Fingerhut wie die Blume, die er oft an seinem Hute trägt. Eines Abends kehrt er mühsam über eine steile Anhöhe nach Hause zurück, nachdem er seine Körbe in einer nahegelegenen Stadt verkauft hat. Er ist ganz allein. Endlich gelangt er zu einem See in der Nähe eines verlassenen Schlosses. Dort läßt er sich für eine kleine Weile nieder, um auszuruhen. Da hört er plötzlich einen Gesang, der nicht von menschlichen Stimmen herrührt. Immer wieder vernimmt er die gesungenen Worte: «Montag, Dienstag, Montag, Dienstag ...» Kurz darauf erwidert er sanft den Gesang, indem er dessen Melodie mit seiner klangvollen Stimme fortsetzt: «Und was ist mit Mittwoch? ... Mittwoch ...» Die singenden Wesen erweisen sich als Undinen (Wassergeister), die über den Gesangsbeitrag eines Menschen sehr erfreut sind. Ihre Anführerin tritt herbei, um mit Fingerhut zu sprechen, und zum Zeichen der Freundschaft heilt sie seinen Buckel. Nun kann er wieder ohne Beschwerden laufen und weiß hinterher kaum, wie er nach Hause gekommen ist. Das Ereignis spricht sich überall herum, und ein anderer Buckliger, der weder Feingefühl noch Musikalität besitzt, fragt Fingerhut, wie er das bewerkstelligt habe. – Seine Begegnung mit den Wassergeistern hingegen verläuft nicht so glücklich; er bekommt einen zweiten Buckel, den er fortan behalten müßte – falls Fingerhut ihm nicht noch zu Hilfe kommen würde.

Diese kleine Geschichte enthält viel Weisheit. Die guten Elementargeister möchten gern engere, bewußtere Beziehungen zur Menschenwelt knüpfen. Dieses Verlangen ist mit der Einsamkeit der Menschen vergleichbar, auch wenn es sich hier um ein Bedürfnis nach Kameradschaft mit einem Wesen anderer Art, nicht mit seinesgleichen, handelt. Es ist ein tiefer, übermächtiger Wunsch, ein Gefühl der Unzulänglichkeit und Unerfülltheit. Wenn die Menschen weiterhin dieses Bedürfnis nicht zur Kenntnis nehmen würden, so käme dies dem Verhalten eines schlechten Nachbarn gleich, der ein tödliches Leid nebenan nicht beachtet. Wenn wir aber unser Empfinden für die einfachsten Rhythmen des Lebens vertiefen, können wir den Elementarwesen begegnen. Der Rhythmus von Tag und Nacht und der Rhythmus der Jahreszeiten sind deutliche Beispiele.

Aber auch der Rhythmus der Woche ist ein Abbild großer kosmischer Rhythmen, und wir können versuchen, die verschiedenen Eigenarten eines jeden einzelnen Tags kennenzulernen, die seit altersher mit Sonne, Mond, Mars, Merkur, Jupiter, Venus und Saturn in Verbindung gebracht werden – wenn die Welt an einem Dienstag stillstünde, würden Kriege und Gewalt fortdauern. – Mittwoch (auf englisch Wednesday), der Tag des Wodan, der bei den Römern mit Merkur gleichgesetzt wurde, ist der Tag der Heilung, in der Sprache des Christentums der Tag des Raphael. Über diesen Erzengel existiert eine wunderbare und viel zu wenig bekannte Geschichte im Alten Testament: das Buch Tobias. (Einige Bibeln ordnen es den Apokryphen zu oder lassen es völlig aus.) Raphael begleitete in Gestalt eines Mannes den jungen Tobias auf einer langen und beschwerlichen Reise, und als sie sich an einem Flußufer ausruhten, half er ihm, einen großen, furchterregenden Fisch zu fangen, der später zu Heilungszwecken verwendet werden konnte.

An einem Flußufer ... Wo immer Grenzen zwischen dem Wasser und den anderen Elementen bestehen, sind die Undinen besonders nah und nahbar. Sie mögen jedoch keine Grenzen, die geradlinig verlaufen, und in der Natur kommen geradlinige Begrenzungen auch selten vor. Es ist der Mensch, der einen starken und meist fatalen Hang zu geraden Linien hat und der Wasser in Röhren und Kanälen gefangenhält, wenn er dies auch in geringfügigem Umfang wieder gutmacht, zum Beispiel durch das Anlegen schöner Brunnen.

Es gab in Holland einen sehr begabten Lehrer, Frits Julius, der felsenfest behauptete, daß so etwas wie schlechtes Wetter nicht existiere. Frits Julius pflegte wohlgelaunt auf einem grasüberwucherten Ufer zu stehen und seine durchnäßten Schüler, die seine Ansichten nicht unbedingt teilten, auf die herrliche Vielfalt der dort wachsenden Pflanzen aufmerksam zu machen. Er schrieb anregende Bücher über Pflanzen, Sterne und das Wesen des Menschen, aber seine Hauptaufgabe blieb, Kinder an einer auf den Einsichten der Pädagogik Rudolf Steiners begründeten Schule in Den Haag zu unterrichten. Er wußte von dem Interesse, das Gnomen und Undinen an Geschichten über Kinder haben, und er hatte einen Freund, der ihm erzählte, daß ihm Gnomen geholfen hätten, Kristalle zu finden. Aber Frits Julius verfolgte diese Hinweise nicht aktiv weiter, bis er sich mit einer Gruppe junger Leute in der südwestlichen Schweiz aufhielt und eines Tages zu viel Schlagsahne aß. Das hatte zur Folge, daß er am nächsten Morgen allein daheimbleiben mußte, während der Rest der Gruppe auf eine Gipfelexpedition ging. Er blieb zurück, fühlte sich einsam und grollte. Aber, wenn die anderen in die Höhen hinaufkletterten, so entschied er, würde er in die Tiefen hinabsteigen. Was folgte, soll nun ausführlich in seinen eigenen Worten geschildert werden:

«Ich hatte niemanden, der mit mir ging, also entschied ich, die Naturgeister zu meinen Begleitern zu machen, und wahrscheinlich würden sie bessere Gefährten abgeben. ‹Wenn der Bursche so viel Kontakt zu den Naturgeistern bekommen hat, daß er Kristalle finden konnte, dann werden sie mir bestimmt auch etwas zeigen.› In wenigen Augenblicken waren all mein Groll und mein Neid in strahlenden Optimismus verwandelt. Ich öffnete die Tür, und während ich noch auf den Treppenstufen stand, rief ich mir die eindrucksvollsten Bilder, die ich von kleinen Kindern hatte, in Erinnerung und lud die Gnomen und Undinen zu mir ein, als ob ich Kinder zum Essen rufen würde. Und dann geschah das Wunder; ich lief drei Stunden lang, ohne einen einzigen Schritt zu tun, der nicht gelenkt war. Obwohl ich eigentlich nichts von den Geistern sah, hatte ich die ganze Zeit über das sehr bestimmte Gefühl, daß mich zwei gnomenhafte Wesen bei der Hand nahmen. Ich merkte immer an einem sanften Druck oder Ziehen – Wahrnehmungen, die mehr innerlich als mechanisch waren –, welche Absichten sie hatten. Alles hing von meiner gespannten Aufmerksamkeit ab. So deutlich spürbar und so oft ich auch gelenkt wurde, empfand ich doch nicht den geringsten Zwang. Ich mußte wieder und wieder daran denken, wieviel uns doch dadurch entgeht, daß wir nicht aufmerksam genug sind.

Zuerst führte unser Weg aufwärts und dann über eine Wiese im Sonnenlicht, wo wir von Blüte zu Blüte liefen. Der Sommer neigte sich schon dem Herbst zu, und ich hatte noch keine einzige Blume angeschaut. Also zeigten sie mir zu meiner großen Verwunderung keine Kristalle, sondern Blumen. Es schien, als hätten sie sich geschwind untereinander verständigt: ‹Der da meint, etwas von Pflanzen zu verstehen; wir werden ihn einmal das anschauen lassen, was er sonst nie sieht.› Dann führte unser Weg abwärts zu einem Bach, der in steilen Ufern dahinfloß. Man stellte mich vor einen riesigen, flachen Felsblock und bedeutete mir hinzuschauen. In dem Felsblock war eine tiefe Spalte, aus der ein Bäumchen wuchs. Zusammen mit den anderen kleinen Pflanzen sah das Ganze wie ein Miniaturgarten aus. Nachdem ich in meinem Innern zum Ausdruck gebracht hatte, daß ich all das mit Bewunderung gesehen hatte, wurde ich noch ein Stück weiter geführt. Das zeigte deutlich, daß diese Wesen ein Interesse für ihre Aufgaben und Belange sehr zu schätzen wissen. In den unter dem Titel *Der Mensch als Zusammenklang des schaffenden, bildenden und gestaltenden Weltenworts* herausgegebenen Vorträgen spricht Rudolf Steiner von der Vermittlung zwischen den Wurzeln der Pflanzen und dem mineralischen Erdreich als einer der Hauptaufgaben der Gnomen. Wie kann man dies wohl besser beweisen als an jenem Ort, wo der Fels so gelockert und weich ist, daß er den Pflanzen zugänglich geworden ist! Später brachten die Geister mich noch mehrfach zu einem nahezu kahlen Stein, auf dem entweder nur wenige kleine Pflanzen wuchsen oder ein Stück Moos sich zu behaupten begann. Sie weisen uns gern auf Stellen hin, wo auch nur ein winziges Fleckchen Moos wächst, wie zum Beispiel auf den Mauern entlang der Straßen unserer Städte. Eine andere wichtige Aufgabe der Gnomen ist es, das Leben in den Samen zu wecken und die ersten Sprossen dem Licht entgegenzudrängen. Daher ist verständlich, warum sie meine Aufmerksamkeit später nicht nur auf viele Steine, sondern auch auf Lichtungen im Wald lenkten, wo vielleicht nur eine einzige Pflanze zu wachsen anfing. In meinem späteren Leben stellte sich immer wieder als bedeutsam heraus, das zu beobachten, was ich bei diesem ersten Spaziergang erkannt hatte – daß nämlich etwas wie ein wunderschön angelegter Garten aussehen kann.

Auch jemand, der die erwähnte Form der Begegnung mit den Naturgeistern nicht zu erlangen vermag oder nicht wünscht, kann vielleicht all die hier beschriebenen sichtbaren Dinge beobachten und dabei überraschende Entdeckungen machen. Und überdies wird sich irgendeine Begegnung mit diesen Wesen einstellen, wenn man sich direkt mit den Ergebnissen ihres Tuns befaßt.

Nachdem wir die Betrachtung des Felsblocks beendet hatten, wurde ich schnell zu einem Platz am Ufer des Baches geführt, der einer dicht bewachsenen Insel gegenüberlag. Der Bach war an dieser Stelle recht breit, aber man bedeutete mir, ihn zu überqueren. Ich zeigte Widerstand – schließlich hat Steiner ja Gnomen erwähnt, die einem Streiche spielen! Ich wurde jedoch überredet, und mit Hilfe eines Trittsteins im Wasser überquerte ich den Bach trockenen Fußes. (Ähnliche Dinge geschahen später noch öfter.) Auf der Insel wurde ich einen gewundenen Pfad entlanggeführt und bekam einige lehrreiche Dinge zu sehen. Erfreut machten die Gnomen mich auf einen Baum aufmerksam, der schon in seinen Herbstfarben leuchtete, während alles ringsum noch ein stumpfes Grün zeigte. Ich fragte mich, warum sich ein Gnom, der sonst inmitten fester Dinge lebt, für meinen Eindruck von der Farbe einer Pflanze interessieren mag. Diese Frage half mir jedoch, insbesondere zu verstehen, daß die Welt eine Bühne ist, die für uns bespielt wird. Wie in einem Theaterstück sollten wir nicht darauf hoffen, die Wirklichkeit hinter den Kulissen zu finden (wie es die Wissenschaft zu oft tut), denn hinter der Bühne ist im allgemeinen alles häßlich. So wie im Theater ist die Aufführung, das Spiel, die Hauptsache, der sich alles übrige unterordnet; die Natur selbst ist eine Aufführung, die nur dann erfolgreich verläuft, wenn wir sie in der richtigen Art und Weise anschauen. Wenn wir das begreifen, wird sich die ganze Welt für uns ändern.

Während des gesamten Ausflugs hatte ich schon so wenig als möglich nach vorne geschaut, um nicht durch Fragen nach der Richtung unseres Weges abgelenkt zu werden. Auf der Insel konnte ich überhaupt nicht nach vorne sehen, weil dort eine dichte Wildnis war. Schließlich wurde ich entschlossen ans Wasser geführt und begann mich zu fragen, wie ich das andere Ufer erreichen sollte. Aber genau an der Stelle, wo ich an den Rand des Wassers trat, befand sich eine Planke, über die ich laufen konnte. Dies löste jedoch nicht alle Probleme. Das andere Ufer war sumpfig; doch ohne mich ängstlich nach einer besseren Möglichkeit umzusehen, ließ ich mich im Zickzack auf festen Grund führen. Dort ragte ein steiler Hang auf, der normalerweise nur auf Händen und Füßen bezwingbar war. Ich wurde jedoch wie ein Ehrengast zu einer einfachen, aber geheimen natürlichen Treppe gebracht, die ich erhobenen Hauptes hinaufsteigen konnte.

Später bin ich oft auf sehr viel gefährlichere Moore gestoßen, die ich ohne Hilfe niemals hätte durchqueren können. Wenn ich es aber zuließ, geführt zu werden, fand ich einen völlig unvermuteten Weg hindurch. Es gibt überall Wege, die sichtbar sind, wenn auf sie hingewiesen wird, doch sie verlaufen niemals geradlinig.

Ich wurde abermals zum Ufer des Baches geführt und mußte dort lange Zeit ausharren. Schon einige Male zuvor hatte ich an Stellen stehenbleiben müssen, an denen ich nichts Auffälliges bemerken konnte. Ich verstand das als einen Wunsch nach mehr Geschichten, und als ich ihm nachgegeben hatte, wurde die Expedition fortgesetzt. Doch es gab nichts Neues zu sehen, und da meine Geschichten keine Wirkung mehr zeigten, akzeptierte ich meine Gefangenschaft und wartete mein weiteres Schicksal ab. Jenseits des Steilhangs wurde das Licht viel heller; der weiße, flammende Rand der Sonne tauchte hinter dem dunklen Fels auf, und das bewirkte eine Stimmung unglaublicher Heiterkeit und Festlichkeit im Wasser, das rauschend über die Steine sprang. Das war es also, was ich sehen sollte: überall glitzernde Funken, die sich spiegelten und plötzlich wieder verfinsterten. Das war der Höhepunkt meiner Expedition, die an sich schon in all ihren Teilen ein Festtag gewesen war. Doch wie konnte das alles geschehen? Es ist nicht leicht, jemanden zu führen; wie konnten diese Wesen eine so schwierige Aufgabe so meisterlich erledigen?

An jenem Tag fing meine höhere Schulung durch die Gnomen erst an. Die Anzeichen waren immer so, wie ich hier beschrieben habe. Ein Bild tauchte magisch in meinem Geist oder außerhalb von mir auf – den Rest mußte ich allein tun. So simpel die Anzeichen als solche oft schienen, sie vermochten auf weitreichende Verbindungen, manchmal sogar auf kurze Einblicke in die Vergangenheit und Zukunft der Erde, hinzuweisen. Eine solche Expedition erzeugt eine außergewöhnliche Stimmung. Man verliert das Zeitgefühl, die gesamte Umgebung nimmt einen märchenhaften Charakter an, und man wird in ein fremdes Reich entführt. Und doch habe ich auf solchen Pfaden niemals etwas entdeckt, das nicht jeder hätte sehen können, aber vielleicht manches, das niemand je gesehen hat.»

Vom Gehörsinn zum Tastsinn

Nicht ohne Grund haben wir während unserer fortlaufenden Betrachtung des Kreises der Sinne zunächst im Reich des Gesichtssinns und bei den Erfahrungen des Wärmesinns haltgemacht. Denn um zu den übrigen Sinnen vorzustoßen, müssen wir über eine Schwelle schreiten. Das Hören, Sprechen, Denken und die Ich-Wahrnehmung sind alles Sinne, die direkt an den Kommunikationsvorgängen teilhaben. Trotz ihrer Bindung an die physische Welt ermöglichen sie uns darüber hinaus, das Innere der Dinge und Wesen um uns herum zu erfassen. Die Fähigkeit, überhaupt irgend etwas zu hören, grenzt aber noch weitaus mehr ans Wunderbare, als wir meist annehmen. Rudolf Steiner hat dargestellt, wie wir durch den Gesichtssinn und den Wärmesinn entsprechende Elemente unseres Wesens hinausschicken, um dem zu begegnen, was sich in der uns umgebenden Natur offenbart. Doch um zu hören, benötigen wir die besondere Hilfe eines Wesens, das sehr viel größer und weiser ist als wir selbst – eines Wesens, das der Hierarchie der Engel angehört. Mit außergewöhnlicher Selbstlosigkeit hilft der Engel uns, die wunderbare, mannigfaltige Welt des Klangs zu betreten und ihre Gaben wahrzunehmen. Eine Schädigung des Gehörsinns wird sehr intensiv als Ursache von Einsamkeit empfunden, da es sehr schwierig ist, eine solche Beeinträchtigung zu kompensieren. Meist wird aber verkannt, daß auch eine einseitige Hörschädigung, die Taubheit auf einem Ohr die volle Teilnahme an einer Geselligkeit behindert, dann nämlich, wenn in einem Raum mehrere Unterhaltungen zur gleichen Zeit dicht nebeneinander stattfinden. Bei Kindern wird eine Hörschädigung oft erst erstaunlich spät festgestellt, wenn sie schon lange die Ursache von Einsamkeit gewesen ist.

In der Geschichte Europas, vielleicht sogar der ganzen Welt, ist Beethoven das wohl berühmteste Beispiel eines Gehörlosen. Es ist manchmal der Wunsch geäußert worden, daß über sein Leben so wenig bekannt sein möge wie über das Leben Shakespeares. Das äußerst detaillierte Bild, das Beethovens Biographen entworfen haben, kann indes als überaus bedeutsam gelten, sowohl für die Wertschätzung seiner Musik, als auch für die Erhellung so mancher Probleme, die allgemein in der Natur des Menschen zu finden sind.

Allmählich, ab dem Alter von etwa vierundzwanzig Jahren, wurde er langsam taub. Im Heiligenstädter Testament, das er an seine Brüder richtete, schrieb Beethoven:

«Aber bedenket nur, daß seit sechs Jahren ein heilloser Zustand mich befallen, durch unvernünftige Ärzte verschlimmert [...] Mit einem feurigen lebhaften

Temperamente geboren, selbst empfänglich für die Zerstreuungen der Gesellschaft mußte ich früh mich absondern, einsam mein Leben zubringen [...] Ach wie wär es möglich, daß ich dann die Schwäche eines Sinns angeben sollte, der bei mir in einem vollkommeneren Grade als bei andern sein sollte, einen Sinn, den ich einst in der größten Vollkommenheit besaß, in einer Vollkommenheit, wie ihn wenige von meinem Fache gewiß haben noch gehabt haben. [...] Für mich darf Erholung in menschlicher Gesellschaft, feinere Unterredungen, wechselseitige Ergießungen nicht statthaben, ganz allein fast nur soviel als es die höchste Notwendigkeit fordert, darf ich mich in Gesellschaft einlassen [...] Es fehlte wenig, und ich endigte selbst mein Leben. – Nur sie, die Kunst, sie hielt mich zurück, ach es dünkte mir unmöglich, die Welt eher zu verlassen, bis ich das alles hervorgebracht habe, wozu ich mich aufgelegt fühlte [...].»

Dieses und die weiteren Zitate Beethovens, seiner Biographen und Kritiker finden sich in Charles Watermans ausgezeichnetem und fundiertem Aufsatz, den er zum 200. Geburtstag von Beethoven 1970 für *The Golden Blade* verfaßte. Darin beschreibt er Beethoven als jemanden, der in zwei Welten lebte, einerseits in der Welt seiner Musik, seiner Ideale und seiner Belesenheit und andererseits – auf seine Art und Weise – in der Welt der Wiener Gesellschaft, seiner Förderer, Verleger, Verwandten und Freunde. Die Kluft aber, die sich zwischen seinen Verhaltensweisen in diesen beiden Welten auftat, könnte kaum tiefer sein. Philip Toynbee faßt die Beschreibung von Beethovens Persönlichkeit, die Alexander Wheelock Thayer in seiner dreibändigen Biographie gegeben hat, folgendermaßen zusammen: «Egoistisch, arrogant, hypochondrisch, selbstgerecht, unaufrichtig und boshaft.» Diese Begriffe sind mit dem Anspruch auf Objektivität und ohne abschätzig sein zu wollen gewählt, und es besteht auch heute kaum ein Zweifel an der Tatsache, daß Beethoven selbst dann ein schwieriger Zeitgenosse gewesen wäre, hätte er nicht an Taubheit gelitten. Unbestritten hat seine Taubheit alle vorgenannten Eigenschaften verstärkt und den Groll, den er fast jedem gegenüber hegte, vermehrt. In seinen Skizzenblättern aus dem Jahr 1814 schrieb er: «Gegen alle Menschen äußerlich nie die Verachtung merken lassen, die sie verdienen, denn man kann nicht wissen, wo man sie braucht.» Dennoch zeigte Beethoven auch eine überwältigende Sehnsucht nach liebevollen Beziehungen: «Nur Liebe – ja, nur sie vermag dir ein glücklicheres Leben zu geben. – O Gott, laß mich sie, jene endlich finden, die mich in Tugend bestärkt, die mir erlaubt mein ist» (Skizzenblatt, 27. Juli 1818). In besonders tragischer Weise drückte sich dieses Bedürfnis, zu lieben und geliebt zu werden, in Beethovens Beziehung zu seinem Neffen Karl aus. Nach dem Tod von dessen Vater bestand Beethoven darauf, alleiniger Vormund des neunjährigen Jungen zu werden und ihn von seiner Mutter zu isolieren. Er behandelte ihn mal mit überwältigender, besitzergreifender Zuneigung, mal mit unerbittlicher Strenge. Nachdem auf diese Weise etwa zehn Jahre vergangen waren, wurde Karl zu einem Selbstmordversuch getrieben, indem er sich eine Schußverletzung am Kopf zufügte. Dieses Ereignis verdeutlicht am ehesten, was Waterman Beethovens «nahezu völlige Unfähigkeit, sich in die Gefühle anderer Menschen hineinzuversetzen und deren Sichtweise zu übernehmen» genannt hat. Er beendete die Neunte Sinfonie mit jenen Worten aus Schillers Hymne «An die Freude», die grenzenlose Liebe zur Menschheit ausdrücken: «Seid umschlungen, Millionen!», aber er selbst hat, wie Waterman anmerkt, keine große Neigung verspürt, die Menschen zu umarmen.

Am Ende aber tat er es doch. Ein Großteil seiner Musik aus der zweiten Schaffensperiode ist Ausdruck seines trotzigen Individualismus, seines Zorns, seiner Sehnsucht und vor allem seiner unbändigen Freiheitsliebe; und so hat er buchstäblich «Millionen» Trost gespendet, besonders jenen, die unter Einsamkeit leiden. Damit bestätigt sich ein der Natur des Menschen eigenes Paradoxon: Erfahrungen, die allgemeingültiger Art sind, gründen meist in der Tiefe einer individuellen Seele, die mit der Einsamkeit ringt. Beethoven hat dies selbst ausgesprochen; Louis Schlösser, der Beethoven im Jahr 1823 besuchte, berichtet von folgendem Gespräch:

«Ich trage meine Gedanken lange, oft sehr lange mit mir herum, ehe ich sie niederschreibe», antwortete er [Beethoven]. «[...] Sie werden mich fragen, woher ich meine Ideen nehme? Das vermag ich mit Zuverlässigkeit nicht zu sagen; sie kommen ungerufen, mittelbar, unmittelbar, ich könnte sie mit Händen greifen, in der freien Natur, im Walde, auf Spaziergängen, in der

Stille der Nacht, am frühen Morgen, angeregt durch Stimmungen, die sich bei dem Dichter in Worte, bei mir in Töne umsetzen, klingen, brausen, stürmen, bis sie endlich in Noten vor mir stehen ...» Beethoven war sich also der Verwandtschaft zwischen der Universalität einer Erfahrung und der Einsamkeit tief bewußt. Auf seinem Schreibtisch bewahrte er die von ihm selbst gefertigte Kopie dreier Inschriften aus dem Tempel der Göttin Neith in Sais (Unterägypten) auf. Die dritte lautet: *Er ist einzig von Ihm selbst, und diesem Einzigen* (man könnte auch sagen: Einsamen) *sind alle Dinge ihr Dasein schuldig.*

Aus seinem Bewußtsein der Isolierung entwickelte sich aber allmählich in ihm ein Gefühl des Friedens: «Ich bin selig, glücklich im Walde: jeder Baum spricht durch dich. O Gott! welche Herrlichkeit! In einer solchen Waldgegend, in den Höhen ist Ruhe, Ruhe ihm zu dienen.»

Diese Worte schrieb er schon 1815 nieder. Als Beethovens dritte Schaffensperiode wird die Zeitspanne seiner letzten zwölf Lebensjahre bis zu seinem Tod 1827 bezeichnet. Über die Musik dieser letzten Schaffenszeit schreibt Charles Waterman, «daß sie, wie gelegentlich gesehen worden ist, sowohl die Erkenntnis, daß die während der zweiten Schaffensperiode aufgestellten Behauptungen manche Realitäten der menschlichen Existenz übersehen, als auch die Suche darüber hinaus nach Bejahung eines Lebens frei von Selbstmitleid und Trotz widerspiegelt.»

Es ist sicherlich eines der Wunder der Menschheitsgeschichte, daß ein zutiefst einsamer, sehr zorniger und individualistischer Mann Musik zu komponieren verstand, die über Jahrhunderte hinweg unzähligen Menschen die Bejahung eines Lebens «frei von Selbstmitleid und Trotz» nahezubringen vermag.

Ein Gehörloser mag freilich an dieser Stelle den Einwand äußern: «Sie können einem Künstler sagen, daß sein Werk in der Zukunft Anerkennung finden wird – aber was für einen Trost gibt es für mich, der ich kein Künstler bin?» In Wahrheit steckt in jedem von uns sehr viel mehr Kreativität, als wir glauben. Ganz gleich ob wir taub oder schwerhörig sind oder über ein gutes Gehör verfügen, können wir einen Anfang machen, indem wir aufmerksamer zuhören. Die Wahrnehmung der Klangwelt ist nicht auf die Ohren beschränkt. Wir können dankbar dafür sein, was uns der Engel auf welchem Weg auch immer vermittelt. Er ist nicht nur daran interessiert, uns beim Hören behilflich zu sein, sondern auch daran, uns zu erhören. Er wendet seine Aufmerksamkeit jedem Wort und sogar auch einem Schrei zu. Er fühlt nicht nur, wie ein Wort gesprochen wird, seine spezifischen Vokale und Konsonanten, sondern auch seine Angemessenheit. Wörter haben eine Lebensgeschichte, die Jahrhunderte dauert; sie werden geboren, wandeln sich und sterben. Sie befinden sich entweder in Harmonie mit dem Augenblick, in dem sie ausgesprochen werden, oder aber in schmerzlicher Disharmonie. Sie können zu abgedroschen sein, indem sie nur wiederholen, was jeder sagt, oder zu egoistisch, indem sie nicht wirklich das Herz von jemandem erreichen. Für all das ist der Engel sehr empfänglich; und wir dürfen hoffen, mit seiner Hilfe ein wenig mehr zu hören. Wenn wir uns irgendein Gespräch in Erinnerung rufen, können wir uns zum Beispiel fragen, ob es tatsächlich eine echte Begegnung enthielt.

«Denn wo zwei oder drei versammelt sind in meinem Namen, da bin ich mitten unter ihnen.» Christus braucht in diesem Zusammenhang nicht genannt zu werden; die Absicht, mit der zwei oder drei, sich zusammenfinden, mag schon eine Erfüllung dieser Verheißung sein. Für einen einsamen Menschen können solche Begegnungen mehr und mehr an Wert gewinnen. Es ist kein Zufall, daß die Zahlen zwei oder drei verwendet werden; der Einsame mag sich eher einer Begegnung mit wenigen Menschen als mit einer Menge gewachsen fühlen, insbesondere wenn er taub, alt oder krank ist. (Ein Krankenhauspatient zum Beispiel dürfte sich keineswegs darüber freuen, Besuch von vier oder mehr Personen gleichzeitig zu bekommen.)

Die Umstände jedoch erschweren häufig gute Begegnungen oder lassen in Gesprächen ein Gefühl der Verlegenheit aufkommen, so etwa bei einem Umzug vom Norden in den Süden oder umgekehrt, wenn auffallend unterschiedliche Sprachakzente eine Rolle spielen. Wegen dieses oder eines noch geringfügigeren Unterschieds mag sich die Frau oder der Mann in der neuen Umgebung sehr einsam fühlen. Es ist hilfreich, das Zuhören als ein Abenteuer mit allen dazugehörigen Freuden und Gefahren zu betrachten. Von Sokrates wird überliefert, daß er einmal sagte: «Laßt mich seine Stimme hören, damit ich ihn kennenlerne.»

Welche Stimmen werden wir vielleicht morgen hören? Selbst wenn eine Stimme durch das Telefon oder das Fernsehen übermittelt wird, vermag sie trotz aller Einschränkungen, die diese Medien ihrem wahren Charakter zumuten, Wunder zu bewirken.

Das Gefühl und die Absicht, mit denen etwas ausgesprochen wird, sind sehr oft wichtiger als die Gedanken, die zum Ausdruck kommen. Mit unseren Gedanken fügen wir uns in der Tat viel Kummer zu. Jeder hat eine andere Denkungsweise; und die meisten von uns interessieren sich mehr für ihre eigenen Gedanken als für die des Gesprächspartners. Jedes Bemühen um Verständnis und um Respekt vor den Gedanken eines Mitmenschen bringt uns Christus in seiner gegenwärtigen Gestalt näher.

Im großen Kreis der Sinne sind der Ich-Sinn und der Tastsinn einander benachbart, aber sie sind sich auch völlig entgegengesetzt. Durch die Wahrnehmung des lebendigen, selbstbewußten Ichs eines anderen Menschen wachsen wir über uns selbst hinaus; mit Hilfe des Tastsinns machen wir uns – über unsere Haut und eine Einwirkung darauf – etwas bewußt, das außerhalb von uns selbst existiert. Wenn ein Mensch einen anderen berührt, können damit sehr selbstsüchtige Empfindungen zum Ausdruck gebracht werden, zum Beispiel Zorn oder Verlangen. Eine Berührung mag aber auch wie eine Bestätigung oder Versicherung wirken, daß wir den anderen akzeptieren und seine Daseinsberechtigung anerkennen. Wir haben das Bedürfnis, von jedem, der mit uns Umgang hat, als Individuum anerkannt zu werden, und manche wenigstens mögen uns hochschätzen. Von Kindheit an unterscheiden sich die Menschen sehr in ihrer Bereitschaft, andere zu berühren oder selbst berührt zu werden; eine Mutter oder ein Vater, die Berührungen ausweichen, können dauerhaften Schaden anrichten, während sie andererseits in der Lage sind, durch eine Berührung tiefen Schmerz oder einen Schock zu heilen. Nicht von ungefähr schließen viele traditionelle Konfirmationsriten, wenn das Kind zum Jugendlichen herangewachsen ist, die Handauflegung ein.

In diesem Bereich sind viel Mut und Vertrauen vonnöten, aber auch viel Geduld mit den Wesenseigenheiten eines jeden einzelnen. Bei allen fünf Sinnen, die wir gerade behandelt haben, ist es sehr einfach, die Probleme eines jeden und eine drohende Vereinsamung zu ignorieren oder zu mißachten. Wenn jemand blind ist, so wissen wir das sehr gut, aber oft wird gesagt: «Der hört ganz gut, wenn er nur will.» Der Beginn einer Weigerung, das Ich eines Mitmenschen wahrzunehmen, kann sehr leicht der Aufmerksamkeit entgehen.

Wir können und sollten einander durch die dunklen Täler der Einsamkeit hindurchhelfen, aber wir können auch für uns selbst und für andere sicher sein, daß diese am Ende zu tieferer Gemeinschaft und größerer Kreativität führen – weit jenseits der Grenzen unseres Lebens auf der Erde.

Die Familie

Wenn wir zu der Überzeugung gelangen, daß die menschliche Seele sich abwechselnd auf der Erde und in der Geistwelt aufhält, so können wir auch verstehen und als selbstverständlich akzeptieren lernen, daß ihre irdische Gestalt mal über einen männlichen und mal über einen weiblichen Körper verfügt. Ein historischer Rückblick zeigt uns, daß die männliche Erfahrungswelt in fast allen Kulturen völlig anders als die weibliche ist. Doch allgemeine Aussagen über die Art dieses Unterschieds sind von einer großen Zahl gefährlicher Irrtümer begleitet. Im großen und ganzen läßt sich nur sagen, daß das Leben der Frau mehr Leiden und das Leben des Mannes mehr Handlungsmöglichkeiten im weitesten Sinne, insbesondere Handlungsweisen gewaltsamerer Natur, beinhaltet. Wir können in diesem Zusammenhang auch auf die Vorstellung von den vier Elementen zurückgreifen, die im vorangegangenen Kapitel zur Sprache gekommen ist. Danach mag der männliche Körper als dem festen Element Erde und der weibliche Körper als den beweglicheren Elementen Wasser, Luft und Feuer verwandt angesehen werden. Dies entspricht auch ganz allgemein den Beschäftigungen, denen beide Geschlechter traditionell nachgingen: Während die Männer zum

Beispiel Bergbau betrieben und Häuser bauten, pflügten, jagten oder kämpften – Tätigkeiten, bei denen schwere Werkzeuge oder gar Waffen benutzt werden –, ist von den Frauen vor allem erwartet worden, daß sie die Nahrung zubereiten, und zwar mit Hilfe von Wasser, Luft und Feuer, wie dies in besonders schöner und vollendeter Weise beim Brotbacken der Fall ist.

Ein allumfassendes Mittel gegen die Einsamkeit Erwachsener ist in der beständigen Liebe zwischen Mann und Frau zu finden. Diese Liebe wird aber in großem Maße von den Auswirkungen der körperlichen Unterschiede beeinflußt. Mit einem härteren Körper geboren zu sein, bedeutet nicht notwendigerweise, daß auch die Seele insgesamt an Härte zunimmt, aber es hat gewöhnlich zur Folge, daß das Denken des Mannes starrer und weniger beweglich ist als das der Frau. Das männliche Denken ist dazu gerüstet, sich mit Tatsachen zu befassen, während das weibliche besser mit den wandelbaren, zwischenmenschlichen Beziehungen, die so voller Widersprüche stecken, umzugehen weiß. Dieser Gegensatz kann die Kommunikation zwischen Mann und Frau erheblich erschweren und verwandelt die Ehe oft in einen Ort der Einsamkeit anstatt der Gemeinsamkeit. Wenn keine echten Begegnungen stattfinden, werden die unterschiedlichen Arten zu denken heftige Gefühle und feste Gewohnheiten hervorbringen, und die anfängliche Freude an den verschiedenen gegenseitigen Eigenschaften endet in bitterer Enttäuschung.

Natürlich gibt es im wirklichen Leben eine unendliche Vielzahl verschiedenartiger Beziehungen zwischen Männern und Frauen. Es gibt Frauen, die eine unbeugsame Seele besitzen, und Männer mit einer sanften, dennoch können beide einander glücklich machen und sich gegenseitig unterstützen. Es ist sehr wichtig, daß beide sowohl über sich selbst als auch über den Partner eine Menge wissen und akzeptieren, daß vieles nicht schnell zu ändern ist, und schon gar nicht durch die Ausübung von Zwang. Je besser das gegenseitige Verständnis ist, desto besser sind die Aussichten für die Gründung einer Familie. Aber auch hier besteht die Möglichkeit zu starken Differenzen. So mag sich eine Frau Kinder wünschen, während der Mann dagegen ist.

Nach Schilderungen Rudolf Steiners lernt die Seele noch während ihres Daseins in der Geistwelt ihre zukünftige Mutter und ihren zukünftigen Vater kennen. Zu dieser Zeit hat deren Verschiedenheit für sie einen zutiefst befriedigenden Aspekt. Die Mutter verfügt über seelische Eigenschaften, die weitergegeben werden können, der Vater hingegen verspricht Hilfe bei der Entwicklung einer starken individuellen Persönlichkeit. Deren Zielsetzungen auf der Erde vermag die Seele mit Hilfe der Unterstützung, die die Eltern sowohl durch Erbanlagen als auch durch ihren Beistand während der Kindheit und in späteren Jahren leisten können, zu erreichen. Doch dann erleidet sie vielleicht den schweren Schock, zurückgewiesen zu werden. Rudolf Steiner hat sich selbst sehr wenig zum Thema der Abtreibung geäußert. Aber die geheimnisvollen Grenzen zwischen den Lebenden und dem ungeborenen Leben sind im Begriff, durchlässiger zu werden.

Während einerseits viele Frauen scheinbar in der Lage sind, mehrmals abzutreiben, ohne viel dabei zu denken oder zu empfinden, gibt es andere, die im nachhinein sehr bekümmert sind. Eine Frau, die sich einmal einem Priester anvertrauen wollte, war unfähig, auszusprechen, was ihr auf dem Herzen lag, bis er versuchte, ihr zu helfen, indem er sagte: «Selbst wenn Sie einen Mord begangen haben, wollen wir ganz in Ruhe darüber sprechen.» Da antwortete sie: «Genau das habe ich getan.» Viele Menschen in ihrer unmittelbaren Umgebung hätten, wenn sie von ihrer Tat gewußt hätten, diese nicht so betrachtet, wie sie es nun tat. Wir brauchen gegenwärtig neue Eingeweihte, und zwar nicht nur Männer, die uns infolge ihrer Einsicht in die Geistwelten über die vollen gesellschaftlichen und geistigen Folgen dessen, was im Fall einer Abtreibung geschieht, aufklären. Es scheint, als sei die Seele, die Zurückweisung erlitten hat, trotz ihres Schmerzes vielleicht sogar noch dazu fähig, den Eltern so weit zu verzeihen, daß sie zu einem späteren Zeitpunkt zu ihnen als Kind zurückkommt. Freilich mag sie auch dann feststellen, daß immer noch Konflikte zwischen Mutter und Vater bestehen.

Wenn eine gute Ehe auch den besten Schutz für heranwachsende Kinder bedeutet, so enthält doch praktisch jede Ehe gewisse Spannungsmomente. Kinder sind innerhalb bestimmter Grenzen durchaus in der Lage, ein gewisses Maß an familiären Konflikten auszuhalten, und haben möglicherweise sogar ihre Freude daran. Schon von klein auf raufen sie zum Beispiel gern miteinander. Aber ein tatsächlicher Zusammenbruch der Kommunikation zwischen Vater und Mutter wird auf die Dauer schädliche Folgen mit sich bringen. Manchmal wird ein Kind, im allgemeinen die Tochter, aufgefordert, einen Streit zu schlichten, oder es bekommt selbst die Kritik zu hören, da sie gegenüber dem Ehepartner nicht mehr offen ausgesprochen wird. Es gibt Frauen, die ihr Leben lang darunter zu leiden haben, daß sie eine so frühzeitige Verantwortung übernehmen mußten. Viel zu früh, zu einem Zeitpunkt, als ihre eigene Beziehung zu den Eltern noch genügend Schwierigkeiten bot, mußte eine Frau versuchen, sich in den Vater oder in die Mutter hineinzuversetzen, ohne sich jedoch mit einem von beiden zu verbünden. Manchmal kann eine Mutter erreichen, daß sich die Kinder in einer ablehnenden Kritik am Vater zusammenschließen; wahrscheinlich seltener kommt es jedoch vor, daß der Vater dies umgekehrt schafft.

Es ist für eine Familie von großem Vorteil, wenn wenigstens ein Elternteil einsieht, wie unnütz die meiste Kritik ist. Noch nie hat es eine Zeit gegeben, in der die Menschen so sehr dazu neigen, sich gegenseitig zu kritisieren wie heute; und im allgemeinen gilt, daß mit zunehmender Nähe auch die Kritik zunimmt. Sowohl wenn wir Kritik äußern als auch wenn wir Kritik ausgesetzt sind, reagieren wir, indem wir uns meist in uns selbst zurückziehen. Eine Ehe oder jede andere enge Beziehung braucht aber Luft zum Atmen und Freiräume; sie braucht den weiten Himmel, die klaren Flüsse, die Berge und das offene Meer. Ein tiefer Atemzug kann oft deutlich machen, wie willkürlich manche Kritikpunkte sind und wie leicht sie in sich selbst zusammenfallen. Immer schließen sie eine Norm ein, die der andere nicht erfüllt. Mit welchem Recht aber erfinden wir solche Normen und wenden sie auch noch an? Wir müssen uns wieder und wieder einer grundlegenden Tatsache stellen, nämlich daß jeder Mensch so ist, wie er ist. Alle Liebe, die diesen Namen verdient, muß von dieser Wahrheit ausgehen, und zahllose Menschen richten sich auch danach, als sei es eine Selbstverständlichkeit.

Ein wunderbarer Schlüssel zum Verständnis der Mannigfaltigkeit der Liebe und ihrer Konflikte sowie der geheimnisvollen Beziehungen innerhalb der Familie ist in Shakespeares Werken verborgen. Shakespeare war selbst sowohl ein sehr geselliger Mensch und Mitglied einer Familie mit engen Banden, als auch äußerst einsam. Als er um die zwanzig war, verließ er seine Frau und seine kleinen Kinder in Stratford, um in London zu arbeiten und die meiste Zeit des Jahres auf Wanderschaft durch ganz England zu gehen. Er lernte Menschen aller Klassen kennen, indem er ihrem Wortschatz und ihrer Ausdrucksweise lauschte. Als Schauspieler hatte er einen niedrigen Stand innerhalb der Gesellschaft seiner Zeit; als Mensch war er durch seine Bescheidenheit und Freundlichkeit in allen Kreisen willkommen. Er selbst jedenfalls meinte, mindestens zu den Ratgebern des Königs und zu denen, die große Verantwortung tragen, zu gehören; und der Widerspruch zur Realität war sehr schmerzlich für ihn. Soviel können wir den spärlichen Quellen entnehmen. Der beste und nahezu einzige Beweis für die Gefühle, die Shakespeare sich selbst gegenüber empfunden haben mag, sind seine Sonette. Eines davon, das 29. (hier in der Übertragung on Therese Robinson wiedergegeben), beschreibt sehr eindrücklich die Stimmung eines Einsamen in der Welt. Es richtet sich an einen begabten, schönen, jungen Adligen, der Shakespeares treuer, manchmal aber auch widerspenstiger Freund gewesen ist. (Einigen der namhaftesten Kritikern zufolge verbirgt sich dahinter William Herbert, der dritte Earl von Pembroke und Neffe von Sir Philip Sidney. Der Historiker Clarendon hat William Herbert überdies in einer Art und Weise beschrieben, die auffallend mit dem Bild übereinstimmt, das Shakespeare in seinen Sonetten gegeben hat.)

Wenn ich beweine meine Einsamkeit,
Mit dem Geschick, der Welt und mir zerfallen,
Mein Herz zum tauben Himmel nutzlos schreit,
Das Los verfluchend, das auf mich gefallen,

Dann glich' ich jenen gern, die wie im Spiel
Durchs Leben gehn, die Zukunft froh betrachtend,

Wünsch mir des einen Kunst, des andern Ziel,
Am meisten mich und all mein Tun mißachtend.

Wenn so ich in Verzweiflung fast versunken,
Tauchst plötzlich du in meinem Sinn empor,
Und wie die Lerche steig ich sonnentrunken
Und singe Hymnen an des Himmels Tor.

Der Liebe süß Erinnern macht so reich,
Und keines Königs Los ist meinem gleich.

Der Himmel, der sich taub zeigte, als der Sprecher nur mit sich selbst beschäftigt war oder neidisch auf andere schaute, öffnet sich am Ende und hört zu. Dagegen nimmt sich Shakespeares Beziehung zu der berühmten «Dark Lady», an die die meisten seiner Sonette ab dem 127. adressiert sind, ganz anders aus.

Auch die Figuren in Shakespeares Dramen sind keine bloßen Erfindungen, die Ideen und Prinzipien vermitteln, sondern lebendige Menschen mit der ganzen Widersprüchlichkeit ihrer Natur. Shakespeare ist ein weiser, genauso guter, vielleicht sogar besserer Informant als manche soziologische Studien; und viele Zuhörer aus aller Herren Länder mit völlig verschiedenen Ideologien finden mehr als nur ein Körnchen Wahrheit in seinen Theaterstücken. Er befaßte sich besonders gern mit dem Verhältnis zwischen Vätern und Töchtern, denn er sah, wie entscheidend das Leben einer Tochter durch die Art des Standpunkts, den ihr Vater im Leben bezieht, durch seine ehrliche Einstellung den Menschen gegenüber oder aber durch seine Unfähigkeit zu einer redlichen Stellungnahme beeinflußt werden kann. Es wird oft übersehen, welch katastrophale Folgen es für Ophelia hat, daß sie einem Vater vertraut und gehorcht, der unredlich ist. Denn für eine Familie ist es äußerst wichtig, daß eine echte Aufrichtigkeit in den Absichten des Vaters auf die gesamte Welt ausstrahlt. Den Töchtern des Ödipus zum Beispiel bedeutet es sehr viel, daß ihr Vater nach all den Jahren der Qual schließlich einen würdevollen, friedlichen Tod findet. Andererseits ist es für eine Tochter sehr schlimm, wenn sie ihren Vater als Versager sehen muß oder wenn er sie zu einem Zeitpunkt verläßt, da sie ihn braucht, und sei es, daß er stirbt. Eine Tochter muß ihren Vater um ihres eigenen gesunden Selbstbewußtseins willen achten, ihm helfen oder seinen Schmerz heilen können (wie es Marina in Shakespeares *Perikles, Fürst von Tyrus* tut), sie muß aber gleichzeitig auch von ihm unabhängig sein.

Wenn die vielschichtige Vater-Tochter-Beziehung im Leben einer Frau ganz fehlt oder im Augenblick der Krise abbricht, stellt sich wahrscheinlich ein tiefes Gefühl von Einsamkeit ein, das sich in einem ziemlich radikalen Rückzug äußern mag. Wenn diese Frau später heiratet, wird sie vermutlich den fehlenden Vater im Ehemann zu finden suchen, der sie wiederum enttäuschen wird. Dann ist große Bereitschaft auf beiden Seiten nötig, der Wahrheit ins Gesicht zu sehen.

Die im 20. Jahrhundert gängigen Vorstellungen über die Beziehung zwischen Vätern und Söhnen sind durch die einseitige Auffassung vom Schicksal des Ödipus nachteilig geprägt worden. Shakespeare hatte da einen weiteren Horizont als Freud. Am schönsten hat er eine Vater-Sohn-Beziehung wohl im 4. Akt seines Stückes *Heinrich IV., 2. Teil* geschildert. Während der alte und von Sorgen gequälte König schläft, probiert sein Sohn, Prinz Heinrich, die Krone aufzusetzen. Der Vater ertappt ihn dabei und macht ihm schwere Vorwürfe. Die Antwort des Sohnes darauf zeigt, wie sich bei ihm der Respekt vor dem Vater mit dem Willen zur eigenen Unabhängigkeit in eindrucksvoller Weise mischen. Die Kritik des Königs an seinem Sohn ist vernichtend; er behauptet, der Prinz warte nur sehnsüchtig auf den Augenblick, wo der Vater begraben wird, damit er die Macht übernehmen kann, die er nur dazu gebrauchen wird, Gewalt und Gesetzlosigkeit in jeglicher Form herrschen zu lassen:

> Mein armes Reich! Von Bürgerkriegen krank,
> Konnt meine Obhut dir nicht Aufruhr stillen
> Was dann, wenn Aufruhr dich in Obhut nimmt?
> Ach, du wirst wieder Wildnis sein, bevölkert
> Von deinen alten Einwohnern, den Wölfen!

Darauf antwortet der Prinz sanft, daß er weder den Tod des Vaters noch die Machtübernahme herbeisehne; obgleich die Krone ein Symbol der von Gott eingesetzten Macht ist, sei sie dem Vater ein Feind gewesen, da sie ihm eine unerträgliche Sorgenlast aufgebürdet habe. Ebenso werde sie in Zukunft auch ihm, dem Sohn, feindlich sein. Mit diesem Bild sagt Shakespeare viel über das Verhältnis zwischen Vätern und Söhnen aus. Der Sohn erwartet vom Vater nicht nur rechtschaffenes Handeln im allgemeinen, sondern auch die Fähigkeit, Verantwortung als etwas zu übernehmen, das ihm von der geistigen Welt anvertraut ist. Jeder Mensch verdient eigentlich nicht die Verantwortung, die ihm aufgetragen wird, und während des Erdendaseins zehrt ihn das auf. Der Sohn sehnt sich danach, das gleiche Maß an Verantwortung wie der Vater zu erreichen, und wird seinerseits von dieser Last niedergedrückt. So schwingt in den Worten des jungen Prinzen Heinrich neben dem echten Respekt vor dem Vater und der Entschlossenheit, seiner zukünftigen Verantwortung mit dem größtmöglichen Ernst zu begegnen, auch ein Ton des Mitleids mit dem Vater und sich selbst mit – freilich nicht im Sinne einer Selbstbemitleidung.

Auch heute kritisieren Väter oft ihre Söhne. Aber sie haben nun weniger Vertrauen in ihr Recht dazu, während die Söhne andererseits wenig Zweifel an ihrem Recht und ihrem Bedürfnis, die Väter zu kritisieren, zeigen. Das liegt sehr häufig daran, daß sie eine grundlegende Schwäche oder einen Verzicht auf Verantwortung im Vater erkannt haben mögen, und es ist durchaus mit ihrer heftigen Entrüstung über jeden Versuch von seiten des Vaters, die Oberhand zu behalten, vereinbar.

Nicht nur in der Kindheit, sondern auch als Erwachsene betrachten sowohl Söhne als auch Töchter die Mutter als jemanden, der zumindest in kleinem Umfang die Familie zusammenhält, und erwarten von ihr sogar, daß sie Platz im Haus macht, wenn sie kommen. Shakespeare scheint sich viel weniger für das Verhältnis zwischen Töchtern und Müttern interessiert zu haben, obgleich es sich auch dabei um ein Gebiet handelt, das keineswegs undramatisch ist. Noch etwa zwanzig Jahre lang nach der Pubertät sind Töchter äußerst kritisch ihren Müttern gegenüber. Obwohl ihre Hilfe immer noch dringend gebraucht wird, scheint alles an ihnen irgendwie verkehrt zu sein, von ihrer Art sich zu kleiden oder zu kochen angefangen bis hin zu ihren politischen Ansichten. Während eines Einkaufsbummels beklagte sich eine Tochter einmal erst darüber, daß die Mutter zu laut sprach, dann darüber, daß sie flüsterte, und schließlich fragte sie, warum die Mutter überhaupt kein Wort mehr sagte: «Mutter, bist du stumm?»

Spannungen solcher Art müssen nicht unbedingt negativ gesehen werden; manchmal sind sie Bestandteil eines unerläßlichen Wegs zur Selbstfindung. Mütter versuchen wahrscheinlich zu sehr, ihre Töchter zu formen; und in manchen Fällen, wenn der Vater sich irgendwie zurückzieht, übernehmen sie seine Rolle so vollkommen, daß sie anfangen, die Familie zu tyrannisieren. Dann werden die Familienmitglieder, die dieses Verhalten nicht ertragen können, sich möglicherweise entziehen – und vielleicht einsam werden.

Bis hierhin haben wir so von der Familie gesprochen, als ob sie mindestens zwei oder drei Kinder zählte. Die allgemeine Tendenz aber geht natürlich überall zum Großteil dahin, daß die Familien kleiner werden, so daß eine Familie mit mehr als zwei Kindern bereits eine seltene Ausnahme bildet. Das hat zur Folge, daß jeder allmählich immer weniger Verwandte hat, Cousins und Cousinen ersten und zweiten Grades eingeschlossen, und daß die Wahrscheinlichkeit von Spannungen und von Einsamkeit innerhalb des Kerns der Familie erheblich zunimmt. Die Entwicklung geht sogar weiter. Es gibt inzwischen viele Familien – und es werden immer mehr –, wo faktisch nur ein Elternteil anwesend ist. Oft mag es sich um eine vorübergehende Situation handeln, wenn der Vater infolge seines Berufs zeitweise in einer anderen Gegend oder im Ausland arbeiten muß. So müssen wahrscheinlich Millionen von afrikanischen Familien lange Zeit die Väter entbehren, weil diese in weit entfernten Städten oder Minen arbeiten. In solchen Fällen übernimmt die Mutter häufig allein die ganze beschwerliche Verantwortung der Kindererziehung und des kleinen Landbesitzes, und beide Elternteile sind einsam.

Dann dürfen wir nicht die homosexuellen Paare vergessen, die selten in der Lage sind, Kinder zu adoptieren, auch wenn sie es vielleicht wollten. Viele Menschen aus den Randgruppen sind in unterschiedlichster Weise einer Kritik ausgesetzt, die dazu angetan ist, sie sehr einsam zu machen. Ihre Mitmenschen versuchen vielleicht nicht einmal, sie irgendwie zu verstehen. Es ist gut, wenn auch sehr schwierig, sich darum zu bemühen. Auch eine noch so unerträglich scheinende Situation geht irgendwann vorüber, und dann beginnt etwas Gutes aus ihr zu entstehen. Die Seele kann auf andere Zeiten ihres Daseins sowohl während ihrer irdischen Inkarnation als auch darüber hinaus blicken. Auch können dabei die Engel helfen, wenn sie um Rat gefragt werden.

Zu Beginn dieses Erkenntnisprozesses empfinden viele Seelen die Fragen, die mit ihrer irdischen Inkarnation einhergehen, als immer drängender. «Warum bin ich zu diesen Eltern gekommen? Warum an diesen Ort? Warum zu dieser Zeit? Ich gehöre nicht hierher!» Mehr und mehr Seelen fühlen bereits im Kleinkindalter und dann in zunehmendem Maße bis zum Alter von zwanzig Jahren, daß sie schon existierten, bevor sie den irdischen Leib angenommen haben – vielleicht lange bevor sie dieser Vorstellung in Platons oder Rudolf Steiners Schriften oder in anderen Büchern begegnet sind. Es mag sehr schwer sein, sich dieses Gefühl voll bewußt zu machen oder es in klare Worte zu fassen; doch Shakespeare gelingt dies, indem er den edlen Sebastian in *Was ihr wollt* folgende Worte sprechen läßt, als er wie aus dem Meer wiedergeboren erscheint:

> Ja, ich bin ein Geist,
> Jedoch gehüllt in einen Erdenleib,
> An dem ich teilhab von der Mutter Schoß her.

Die Erfahrungen während des vorgeburtlichen Daseins in der Geistwelt suchen sich allmählich zu erneuern. Shakespeare unterscheidet in seinen Stücken oft klar zwischen den ernsthaften, obgleich keineswegs humorlosen, Menschen, die ein Gefühl dafür haben, und den leichtfertigeren, die es nicht haben (wie in *Was ihr wollt* zum Beispiel Junker Tobias von Rülp und seine Gefährten). Vor der Geburt hat die Seele an dem großen, feierlichen, schöpferischen Weltenwort teilgenommen, das in allem Seienden widerhallt. Und während das Kind heranwächst, sehnt es sich danach, ein wenig von dessen Universalität wiederzuerlangen, vielleicht indem es andere Sprachen lernt und sich in die Beschäftigung mit fremden Kulturen vertieft.

Rudolf Steiner hat darauf hingewiesen, daß es denjenigen, die ihr Leben aufmerksam betrachten, allmählich möglich sein wird, die Bedeutung der siebenjährigen Zeitabschnitte zu erkennen, von der Geburt bis zum Alter von sieben Jahren, von sieben bis vierzehn, von vierzehn bis einundzwanzig und so fort. Eine starke Gefühlserfahrung in einem dieser Abschnitte wird zu irgendeinem Zeitpunkt innerhalb jedes darauffolgenden Konsequenzen haben. So mögen zum Beispiel die Impulse, die zur Isolierung und zum Alleinsein geführt haben, im Alter von ungefähr neun Jahren, von sechzehn Jahren und so weiter das ganze Leben lang immer wieder neu zur Wirkung kommen – nicht unbedingt in Intervallen von exakt sieben Jahren, aber während des Verlaufs von jedem einzelnen der siebenjährigen Zeitabschnitte. So gibt es im Leben des Menschen sowohl natürliche Zyklen als auch plötzlich eintretende Ereignisse wie die im vorangegangenen Kapitel beschriebenen, die zunächst der natürlichen Entwicklung zuwiderzulaufen scheinen, dann aber in ihren Fluß integriert werden wie die Wellen, die ein Steinwurf im Wasser erzeugt.

Die Entwicklung einer Familie ist also in der Tat sehr vielfältig; ihre Mitglieder erreichen zu unterschiedlichen Zeiten einen Punkt, an dem sie sich zurückziehen, oder aber den siebten Jahrestag einer Wende in ihrem Leben. Daher befindet sich die Familie in ständiger Anspannung. Das braucht aber ihre Mitglieder weder zu ermüden noch zu schwächen, wenn sie sich stets zunehmend füreinander interessieren. Dies wird in Zukunft noch mehr für andere Formen der Gemeinschaft zutreffen, deren Mitglieder nicht durch Blutsbande vereint sind, sondern durch gemeinsame, konstruktive Ziele.

Insbesondere ab dem Alter von einundzwanzig suchen die Menschen eine neue Familie, mit der sie nicht blutsverwandt sind. Dabei – und auch später – kann das Erlernen einer anderen Sprache von großem Nutzen sein. Jede neue Sprache, die wir lernen und in gewissem Umfang zu unserer eigenen machen, entwickelt so etwas wie einen neuen Teil unseres unsichtbaren Seins. Ein gelehrter japanischer Publizist, Professor Tadahiro Ohnuma, hat diesen Entwicklungsprozeß anschaulich beschrieben; er fing während eines Besuchs in Großbritannien an, ins Innere der englischen Sprache vorzudringen, die er zuvor in einem oberflächlichen Sinn «gelernt» hatte:

«Ich wurde plötzlich empfänglich für die englische Aussprache, die Betonung, den Rhythmus und die Intonation, und darüber hinaus spürte ich, daß sich ein zarter Leib in mir zu regen begann – ein Leib, der sehr kraftvoll zu schwingen vermochte und der völlig anders gestaltet war als der, den ich als Japaner besaß. Es war nicht so sehr, daß sich mein Selbstbewußtsein gespalten hätte, sondern vielmehr daß ein zweites Selbst in mir geboren worden war. Wie ein Alchimist zog ich diesen Homunculus in mir sorgsam auf, bis er nach einem Monat harter Arbeit auf Englisch fühlen, denken und sprechen konnte. In meinem Interesse schuf er ohne jeden Zwang von außen eine Art des Denkens und eine innere Einstellung, wie sie gewöhnlich mit der englischen Sprache in Verbindung gebracht werden und die kein Japaner normalerweise annehmen würde.»

Durch das Sprechen oder Singen von Worten einer anderen Sprache werden Sensibilität und Feinheit des im vorigen Kapitel kurz erläuterten Gehör- und Sprachsinns gefördert. Der Zusammenschluß einer neuen Familie, aber auch der Denksinn und der Ich-Sinn erfahren aktive Unterstützung durch ein echtes, tiefgründiges Miteinander-Sprechen, in dem beide Partner einander wirklich zuhören. So können sich kleine Gruppen bilden, deren Mitglieder sich dazu berufen fühlen, Aufgaben miteinander zu teilen, die für den Rest ihres Lebens bestimmend bleiben. Manchmal mag es ihnen dann so vorkommen, als seien sie schon in einem früheren Leben beisammen gewesen, vielleicht indem sie damals schon so zusammenarbeiteten, wie sie es jetzt tun, oder aber indem sie miteinander konkurrierten. Und mancher von ihnen mag in einer solchen Gruppe seinen zukünftigen Ehepartner finden.

All das trägt zur Entstehung eines neuen Verhältnisses zur alten Familie, in die man hineingeboren wurde, bei. Die Empfindungen für Vater, Mutter, Schwestern und Brüder können sich nun in eine feste Freundschaft verwandeln, in der jeder einzelne die Freiheit des anderen respektiert. Zu diesem Zeitpunkt kann es notwendig erscheinen, einen neuen Namen anstelle des alten, der einem bei der Geburt sehr wohl mit Liebe und Bedacht gegeben worden sein mag, anzunehmen und zu gebrauchen. Seit langem ist es in Ordensgemeinschaften von Mönchen und Nonnen ein wohlüberlegter Brauch, neue Namen für diejenigen zu benutzen, die die Gelübde abgelegt haben und mit «Bruder» oder «Schwester» angeredet werden. In der orthodoxen Ostkirche gibt es die Möglichkeit, schon zu einem früheren Zeitpunkt im Leben den Namen zu wechseln, nämlich bei der Konfirmation.

Kurz danach, aber mehr noch ab dem Alter von einundzwanzig Jahren verstärkt sich das Bedürfnis zu beten und zu meditieren. Gebete und Meditationen können entweder in Gruppen oder aber allein verrichtet werden. Insbesondere Zeiten der Einsamkeit bieten dafür Gelegenheit. In die schmerzhafte innere Leere dringen die göttlichen Mächte, denen zugehört werden kann und die ihrerseits Gehör schenken.

Auf diese Weise erweitern sich sowohl die ursprüngliche als auch die neue Familie, und es werden auch jene wieder in ihr aufgenommen, die ihr angehört haben, bevor sie gestorben sind. In Japan gilt eine Familie ohne die Geister der Vorfahren als unvollständig, und ein Ausländer, der in eine japanische Familie einheiratet, sollte das Haus aufsuchen, in dem die Geister der Vorfahren des Ehepartners besonders zu Zeiten verehrt werden, in denen schwierige Entscheidungen zu fällen sind.

Die Beziehungen von Kindern zu ihren Großeltern sind häufig weitaus weniger gefühlsmäßig belastet als die zu den Eltern. Nachdem unsere Großeltern verstorben sind, schauen wir während unseres restlichen Lebens meist mit einer bestimmten Form stiller Dankbarkeit auf die Vergangenheit zurück. Noch weniger emotional ist wahrscheinlich das Verhältnis zu den Urgroßeltern oder weiter entfernten Vorfahren, da es im wesentlichen nur auf der Kenntnis einzelner Fakten und Anekdoten beruht. Der Tod eines Elternteils aber bewirkt eine erdbebenähnliche Erschütterung, und es mögen vielleicht viele Jahre vergehen, bis eine Stimmung innerer Ruhe und Gelassenheit hierüber entsteht. Die weitaus furchtbarste Entbehrung besteht jedoch darin, nach vielen guten Jahren des Zusammenlebens den Ehepartner zu verlieren und als Witwer oder Witwe allein zurückbleiben zu müssen. In diesen

Fällen ist unsere Gesellschaft recht hilflos. Man ist zwar geneigt, einer Witwe Bewunderung zu schenken, die sich nach einigen Monaten von ihrem Schmerz erholt zu haben und wieder ein völlig normales, reges Leben zu führen scheint; indes mag es gerade zu diesem Zeitpunkt sein, daß der Verlust der leiblichen Gegenwart des Partners am schmerzlichsten empfunden wird. Sorgfältige Untersuchungen haben gezeigt, daß der Herztod sehr viel häufiger bei Witwern als bei anderen Männern eintritt. Wenn die Seele auf Erden keine innere Ruhe findet, wird das Zustandekommen einer guten Verbindung zu dem verstorbenen Menschen verhindert.

Ich kannte eine Frau, die mit ihrem Ehemann die Übereinkunft getroffen hatte, daß im Falle des Todes der verstorbene Partner dem zurückgebliebenen ein sicheres Zeichen seines Weiterlebens geben würde. Der Mann starb zuerst, und die Witwe suchte fortwährend nach einem äußeren Beweis seiner Gegenwart. Das machte ihr Leben sehr viel ruheloser und kummervoller als nötig, aber sie ließ sich nicht davon überzeugen, daß sie in die falsche Richtung schaute, um Anzeichen dafür zu finden, daß ihr Mann weiterhin um sie besorgt war.

Solche Zeichen sind nur in uns selbst oder in kleinen Begebenheiten, die wir leicht ignorieren, zu finden, und sie werden nur mit dem Herzen oder anderen leiblichen Organen wahrgenommen und nicht mit dem Kopf. Sie mögen vielleicht als sanfte Ermahnung zu uns kommen, so als ob uns zugeflüstert würde: «Du kannst nicht alle Folgen dessen, was du vorhast, abschätzen. Vielleicht ist es besser, du hältst dich mit deinen Worten und Taten zurück, bis du ein wenig mehr Ruhe gefunden hast.»

Rudolf Steiner hat eine Unmenge von Hinweisen bezüglich der Erkenntnisfähigkeit der Seele und der Möglichkeit, eine Verbindung zwischen den Lebenden und den Toten herzustellen, gegeben. Wir behalten die Sprache, über die wir in unserem Erdendasein verfügen, nicht für immer; in Wahrheit fallen der Sprach- und der Denksinn, aber auch der Ich-Sinn allmählich von uns ab. Dies läßt viele Kommunikationsversuche mit Hilfe einer Art von automatischem Schreiben letztendlich unbefriedigend erscheinen. Die Seele erlernt eine neue, himmlische Sprache und würde uns gern daran teilhaben lassen. Dabei ist es eine große Hilfe, wenn wir in der Lage sind, bestimmte seelische Stimmungen in uns zu entwickeln, die weit über die Grenzen der irdischen Sprache hinausreichen.

Als erstes können wir unser Bewußtsein davon erhöhen, daß wir in enger Beziehung zu den Menschen und Geschehnissen um uns herum stehen. Noch bevor wir die Lebensmitte erreichen, haben wir den Einfluß von Menschen aus vielen Ländern der Erde erfahren, und das Wirken unserer eigenen Worte und Taten hat sich weit über die Grenzen unseres Wissens ausgebreitet. Wir haben sowohl zum Glück als auch zum Unglück der Menschen beigetragen, die nun jenseits der Erde sind. Die Toten wissen dies, und es ist für sie in gewissem Sinne ein Rätsel, daß wir auf der Erde uns selbst als von ihnen losgelöst, als Einzelwesen und Ding an sich, betrachten. Wir können den Toten jedoch begegnen, indem wir uns stets an unsere Gemeinschaft mit allen Geschöpfen erinnern.

Zweitens können wir die Gefühle der Dankbarkeit in uns regsamer werden lassen. (Wobei es gewiß auch möglich ist, diesen Schritt zuerst zu tun.) Wir erhalten vom Leben weitaus mehr Gutes als Schlechtes. Unsere Dankbarkeit dafür kann sich auf Dinge wie die Luft, die wir atmen, und das Licht, das wir sehen, erstrecken – Dinge, die im allgemeinen als selbstverständlich gelten. Eine solche Einstellung vermag eine dauerhafte Brücke positiver Gefühle ins Land der Toten zu bauen. Wenn wir uns von Dankbarkeit erfüllt an jemanden erinnern, den wir gekannt haben und der verstorben ist, dann vermitteln wir ihm etwas, das der Freude ähnelt, die wir auf der Erde an Musik oder schönen Kunstwerken haben.

Die dauerhafte Entwicklung einer dritten Stimmung stößt derzeit auf die meisten Schwierigkeiten bei den Menschen auf der Erde. Gemeint ist das Vertrauen in die Zukunft. Wir wissen nicht, was zukünftig in unserem eigenen Leben geschieht, und wir wissen auch nicht, was mit der Welt geschehen wird. Es ist schwer, der bohrenden Angst der Ungewißheit auszuweichen. Wir bräuchten die Überzeugung, daß es gute Mächte sind, die all die Gefahren, die sowohl uns persönlich als auch die ganze Welt bedrohen, vorhergesehen haben. Sie – und mit ihnen die Toten – vermögen durch die gegenwärtige Dunkelheit hindurch das Licht am Ende zu erblicken. Sie wissen, daß sich dieses Licht ohne das Dunkel nicht in der vorhergesehenen Weise entwikkeln würde. Wenn wir dies mit unserem bewußten

Verstand nicht begreifen können, dann ist der Weg zwischen uns und den Geistwelten versperrt. Die Sperre kann nur durch einen starken Glauben an das Unsichtbare in eine Brücke verwandelt werden. Alles Leben, das irgendwann einmal zerstört worden ist, geht in anderer Form weiter. William Blake hatte ein unerschütterliches Vertrauen in dieser Hinsicht. In seinem Gedicht «Nacht» (hier in der Übertragung von W. Wilhelm) schildert er, was die Engel für ein vom Wolf gerissenes Lamm tun:

> Wenn Wolf und Tiger lechzen Blut,
> stehn weinend sie voll Gram,
> mühn sich zu mildern ihre Wut
> und scheuchen sie vom Lamm;
> doch liegt es zerrissen,
> so betten beflissen
> die Seele sie milde
> in neue Gefilde.

Das moderne Empfinden mag solche Worte als sentimental abtun, doch Blake wollte mit ihnen eine Beschreibung der Erfahrungswelt geben, auch wenn es sich um eine Begebenheit handeln mag, die nur unschuldige Augen wahrzunehmen vermögen. Kinder haben Vertrauen in die Zukunft; sie sollten es nicht gezwungenermaßen verlieren.

Die vierte Stimmung läßt sich kaum mit einem einzigen, umfassenden Begriff benennen. Es handelt sich dabei um das genaue Gegenteil jenes Gefühls, das in dem Ausspruch «Es gibt nichts Neues unter der Sonne» zum Ausdruck kommt. Jeder Morgen bringt die Möglichkeit, auf manches im Verlauf des neuen Tages zu hoffen, das unerwartete Freude beinhalten mag. Die Dinge und Menschen ringsum so zu betrachten und uns so an ihnen zu erfreuen, als hätten wir sie nie zuvor gesehen, das vermag ein Leben lang innere Jugendlichkeit zu bewahren. Von Rudolf Steiner wird berichtet, daß er einmal mit einer ihm nahestehenden Person eine kleine Meinungsverschiedenheit über einen nicht anwesenden Dritten hatte, dem er eine verantwortungsvolle Aufgabe anvertrauen wollte. «Aber Sie haben sich gestern sehr kritisch über ihn geäußert!» «Ja, das war gestern», lautete die Antwort. Wir tragen oft sehr festgefügte Meinungen über andere Menschen mit uns herum. Sie zu ändern, kostet uns zu viel Mühe, und genau dies betrübt die Toten, denn sie existieren in Welten eines offenkundigen, wunderbaren Wandels. Obgleich sie möchten, daß wir uns an sie erinnern, wollen sie nicht, daß wir in unserer Erinnerung nur an Bildern und Gedanken festhalten, die sie genau so zeigen, wie sie am Ende ihres Erdendaseins gewesen sind. Insbesondere wenn der Tod völlig unerwartet eintritt und Verbitterung auslöst, können wir von dem Gedanken an dieses Geschehen verfolgt und gefangengenommen werden. Die Seele aber hat das hinter sich gelassen und verändert sich. Ein totes Kind kann in der Vorstellung bald älter, ein alter Mensch, der gestorben ist, bald jünger werden. Die Aura beider zeigt dann andere Farben, vielleicht sogar Flügel. Die Spuren einer Krankheit oder körperlichen Behinderung verschwinden zwar nicht sogleich, erfahren aber im Laufe der Zeit – das Zeiterleben ist jenseits freilich völlig anderer Art – eine wunderbare Verwandlung. Ein Behinderter zum Beispiel mag in seinen Träumen eine Vorahnung davon haben. Das Schlimmste jedoch, was den Toten zustoßen kann, ist, wenn Groll und erbitterte Kritik weiterhin gegen sie geäußert werden. (Frühere Kulturen haben dies viel besser verstanden als wir.) Das ist, als ob sie sich durch ein Dornengestrüpp zu kämpfen hätten. Die Toten haben ein Bedürfnis danach, daß ihnen verziehen wird und daß ihnen Kräfte zugesprochen werden, die sie in ihrem Erdendasein nicht zu entwickeln vermochten.

Die fortschreitende Verstärkung der genannten vier Stimmungen allein reicht natürlich nicht aus, uns zu bewußten Gesprächen mit den Verstorbenen zu befähigen. Aber eine besondere Empfindung von Wärme und eine Belebung unseres Denkens werden uns durchströmen und uns in dem, was wir zu tun haben, unterstützen. Andererseits mögen wir auch manchmal von einem Schmerz durchdrungen werden, dessen Ursache wir zunächst nicht feststellen können. Er wird vielleicht durch jemanden ausgelöst sein, der gestorben ist und Schwierigkeiten hat, sich mit den ungewohnten Bedingungen der Geistwelt zu versöhnen – vielleicht ist es jemand, von dessen Tod wir noch gar nicht erfahren haben und der immer noch die physische Welt mit unseren Augen anschauen möchte – das muß nicht falsch sein, aber es wird sich ändern.

Wir müssen uns aber die Unterstützung, die wir von den Toten erhalten können, nicht als von dieser oder jener bestimmten Einzelperson ausgehend vorstellen, sondern vielmehr als ein Zusammenwirken vieler Seelen. Jemand, der an der Schwelle des Todes steht, wird vielleicht den Seelen der Verstorbenen, die ihm teuer sind, begegnen. Ihre Kräfte können sich vereinen, um die Menschen auf der Erde zu erwärmen und zu erleuchten. Dies gilt insbesondere für die, die von uns gegangen sind, wie zu Recht in vielen Gemeinschaften gefühlt wird. Daß ein Bewußtsein von solchen Zusammenhängen zunimmt in der Welt, ganz gleich ob sich die Gemeinschaften christlich nennen oder nicht, steht in enger Verbindung mit dem Wirken des Christus.

Die Einsamkeit der Götter und der Menschen

Während der letzten zwei oder drei Jahrhunderte ist das Interesse an alten Kulturen mehr und mehr gewachsen, und zwar sowohl an den Erkenntnissen, die uns die Archäologie vermittelt, als auch an den Traditionen und Bräuchen, die insbesondere bei Völkern, die in gewissem Umfang vom Ansturm gesellschaftlicher Veränderungen verschont wurden, lebendig geblieben sind. Es scheint, als könnten wir einen Weg zu früheren Formen des menschlichen Bewußtseins finden, als sich der einzelne noch einer Gruppe verbunden und nicht als individuell verantwortliches Ich empfand. Wir haben viele Beweise dafür, daß die Erfahrung des «Wir» älter ist – und in früheren Zeiten auch sehr viel stärker ausgeprägt war – als das Ich-Bewußtsein. Familien, Stämme und Völker teilten sowohl Freude als auch Leid miteinander, und wie Zugvögel trafen sie alle Entscheidungen gemeinsam. Dennoch hat es daneben immer auch Einzelpersonen gegeben, die eine Ausnahme bildeten, die eigene Entscheidungen trafen und besondere Verantwortung trugen. Während die Gruppe meist im ganzen von einem Verlust betroffen wurde, insbesondere vom Tod solch herausragender Persönlichkeiten, mochten diese einsam an Entbehrungen leiden.

Von den Griechen haben wir für solche Einzelpersönlichkeiten die Bezeichnung «Heros» übernommen. Die Grundbedeutung dieses Begriffs lautet «Herr, Beschützer», wie das auch im Namen der Göttin Hera anklingt. In Zeiten der Besorgnis oder Gefahr wurde der Heros um Schutz angerufen; er hingegen mußte seine Macht, Wache zu halten und seinem Volk Hilfe zu leisten, mit einem hohen Preis bezahlen. Er – oder sie – vermochte in anderer Weise als die übrige Menschheit Einsamkeit und Schmerz zu empfinden.

Die großen griechischen Tragödien veranschaulichen dies sehr deutlich. In ihnen drückt der Chor im Hintergrund seine Freude oder sein Leid als Gruppe aus; er vermag auch zu vergessen oder sich zu widersprechen, ohne irgendwie inkonsequent zu erscheinen. Im Vordergrund dagegen stehen zwei oder drei Protagonisten und sind allein. Vielleicht läßt sich behaupten, daß jedes einzelne Chormitglied äußerste Dankbarkeit darüber fühlt, kein Held zu sein, denn Helden und Heldinnen müssen furchtbare Qualen erleiden, und der Chor ist nicht in der Lage, ihnen Trost zu spenden. Meist aber weiß jeder Held oder jede Heldin einen Gott oder eine Göttin hinter sich, der bzw. die Hilfe zu leisten vermögen. Und das ist das Auffällige daran: Die Götter zeigen Mitgefühl für die einsamen Kämpfe der Menschen. Manchmal ist der Held selbst ein Halbgott oder der Nachkomme eines Gottes. Wie kann es aber sein, daß Götter Mitleid mit der Einsamkeit und den Entbehrungen anderer haben? Gehören sie nicht einer Gemeinschaft von Unsterblichen an, die sich außerhalb des Zugriffs von Kummer und Leid befinden? Offenbar verhält es sich für die Griechen nicht ganz so: Bei den Unsterblichen gibt es ebenso Abschied und Leid wie bei den Sterblichen.

Wir können noch weiter zurückblicken, und zwar auf eine Kultur, die schon bei den Griechen als viel älter als die ihre galt. Der Gott Osiris (obwohl nicht einer der ältesten Götter) lebte als mächtiger und erfindungsreicher König auf der Erde und brachte nicht nur seinem eigenen Volk, sondern auch den benachbarten Völkern Frieden und Fortschritt. Insbesondere der Ackerbau blühte während seiner Regentschaft. Doch Osiris wurde hinterrücks von seinem eigenen Bruder ermordet und mußte fortan in der Unterwelt leben, wo die Seelen der Menschen nach dem Tod hingelangen. Seine Frau Isis, selbst eine Göttin, litt unsäglich und begab sich auf die Suche nach den zerstückelten Überresten ihres Mannes. In ihrem Sohn Horus hatte sie einen Verbündeten im Widerstreit gegen den Mörder von Osiris; aber auch alle diejenigen, die nach himmlischer Weisheit strebten, wurden zu ihren Söhnen. So gingen in ihrem Wesen der edle Schmerz und die Macht zu beschützen eine tiefe Verbindung ein.

Auch die Griechen haben eine Göttin, die den Verlust eines ihrer Lieben zu beklagen hat. Demeter, die Göttin des Ackerbaus und der Feldfrucht, ist in gewisser Hinsicht von Anbeginn an einsam unter den Unsterblichen; ihre Liebe aber zu ihrer Tochter Persephone kennt keine Grenzen. Als Persephone von Hades, dem Gott der Unterwelt, geraubt wird, ist Demeter vom Schmerz überwältigt und sucht überall nach ihrer Tochter. Anfangs kann ihr niemand auf der Erde oder im Himmel sagen, wo Persephone zu finden ist – entweder aus Unwissenheit oder aus Furcht, ihr die Wahrheit zu erzählen. Als Demeter selbst von Hades' Tat erfährt, kann sie diese zunächst nicht fassen. Hermes, der Götterbote, bringt schließlich die Übereinkunft zustande, daß Persephone einen Teil des Jahres auf der Erde und den anderen in der Unterwelt verbringt. Die Begegnung zwischen Mutter und Tochter ist von Freude erfüllt; doch der Kummer bleibt ein Teil von Demeters Wesen, und sie ist noch einsamer unter den Göttern als zuvor, besonders weil sie spürt, daß Zeus sich mit Hades gegen sie verschworen hat. Wie Isis inspiriert auch Demeter die Gläubigen der Mysterienfeiern, insbesondere diejenigen unter ihnen, die dazu bestimmt sind, sich in vorbildhafter Weise für den Ackerbau einzusetzen. Isis und Demeter erleiden beide einen schweren Verlust, der durch das Tun anderer, die dunklen Mächte symbolisierender Götter verursacht wird.

Die hebräische Menschheitsgeschichte beginnt fast mit der Schilderung der Einsamkeit, die durch das eigene Verschulden eines Menschen herbeigeführt wird. Dieser Darstellung gehen zwei Schöpfungsberichte voraus; der eine umfaßt sechs Tage und gipfelt in der Schaffung eines Urbilds vom Menschen als Mann und Frau, das das direkte Abbild Gottes ist. Der andere handelt davon, wie Adam aus Erde gemacht wird. Er ist allein und braucht einen Gefährten. Um dieses Bedürfnis zu erfüllen, wird Eva geschaffen. Nach dem

Sündenfall und der Vertreibung übernehmen die Söhne Adams und Evas verschiedene Aufgaben auf der Erde. Kain ist ein Ackermann und Abel ein Schäfer. Doch während Gott das Opfer Abels annimmt, weist er jenes von Kain zurück. Kain erschlägt daraufhin Abel aus Neid und muß nach dieser Tat ein langes, unstetes Leben als Ausgestoßener in der Welt führen; seine Nachkommen aber werden zu Gründern der Städte und des Handwerks. Nichts kann Kains Tat wiedergutmachen, nichts scheint ihn in die Gemeinschaft von Himmel und Erde wieder zurückzubringen, überall stößt er auf das Wissen darum, daß er der Mörder des Bruders ist.

Auch die babylonische Tradition kennt einen Mann, der in völliger Einsamkeit eine große Anzahl von Ländern durchwandert, aber er wird dazu durch ein ganz anderes Schicksal als Kain bewogen. Gilgamesch hat gewagt, sich Ischtar, der Göttin der Liebe, zu widersetzen. Dafür sendet sie eine Seuche gegen ihn, durch die sein Freund und heldenhafter Gefährte den Tod findet. Gilgamesch empfindet großen Schmerz, den er mit niemandem teilen kann. Während seiner weiteren Wanderschaft macht er sich zum Ziel, das Rätsel des Todes schließlich zu lösen. In Europa wird er Schüler eines berühmten Priesters der Mysterien, aber es gelingt ihm nicht, die ihm gestellten Aufgaben zu bewältigen. Gilgamesch kehrt in seine Heimatstadt zurück, und die ihn quälenden Fragen bleiben unbeantwortet.

Wir dürfen jedoch die Gestalten, denen wir in den heiligen Schriften und großen Epen der Antike begegnen, nicht nur als individuelle Persönlichkeiten betrachten, sondern müssen sie als Vertreter unzähliger anderer sehen, die in späterer Zeit einen ähnlich schicksalhaften Weg zu gehen haben. In immer größerer Zahl erdulden Menschen, die nach außen hin vielleicht nicht besonders herausragend erscheinen, zumindest einen kleinen Teil der Leiden, die das schreckliche Vorrecht der Helden und Heldinnen des Altertums waren. Shakespeares Könige würden uns nicht so faszinieren, wenn nicht in jedem von uns ein König verborgen wäre. In einem der Dramen des Sophokles gibt es eine Figur, die weder König noch Heros ist und beinahe als gewöhnlicher Mensch bezeichnet werden könnte. Philoktet, ein griechischer Soldat, begibt sich mit zur Belagerung Trojas, als er versehentlich einen Ort betritt, der einer Göttin heilig ist. Er erhält eine schwere Strafe dafür: Sein Fuß wird durch einen Schlangenbiß verletzt, und diese Wunde bereitet ihm nicht nur unerträgliche Schmerzen, sondern strömt auch einen üblen Geruch aus. Seine Gefährten setzen ihn daher auf einer einsamen Insel aus. Die Tragödie des Sophokles beginnt mit der Rückkehr des Odysseus und seines jungen Begleiters, die viele Jahre später kommen, um Philoktet zu holen, weil ein Orakel geweissagt hat, daß ohne ihn Troja nicht erobert werden könne. Sophokles zeichnet hier ein Bild der Vereinsamung und ihrer Folgen, wie es vollkommener nicht sein könnte. Philoktet ist nicht dazu aufgelegt, die späte und eigennützige Reue seiner treulosen Freunde anzuerkennen. So ist eine Intervention der himmlischen Mächte nötig. Herakles, der Heros, der nach der Bewältigung vieler Aufgaben unter die Unsterblichen aufgenommen wurde, erscheint und stellt durch seine Verheißung, daß sein Leiden in Troja geheilt werden wird, wieder Brüderlichkeit und gegenseitiges Vertrauen zwischen Philoktet und den Griechen her.

Wenn wir nun zweitausend Jahre überspringen und zu Shakespeares Dramen zurückkehren, so entdecken wir deren einsamste Gestalten nicht auf einer Insel, sondern immer mitten unter Menschen. Hamlet ist zunächst ein überaus geselliger junger Mann. Er vereinsamt jedoch nicht infolge eines von ihm selbst begangenen Verbrechens oder Frevels, sondern infolge des geheimen Mords an seinem Vater und der voreiligen Verheiratung seiner Mutter mit dem Mörder. Gertrud befindet sich in einer ähnlichen Situation wie Isis, verhält sich aber völlig anders (obgleich Plutarch einen Hinweis darauf gibt, daß Isis eine vorübergehende Schwäche für Typhon zeigt, wofür Horus sie tadelt). Auch der Geist von Hamlets Vater vermag nicht versöhnlich zu wirken, sondern treibt Hamlet nur noch tiefer in die Einsamkeit, da er zu niemandem darüber sprechen kann und sogar selbst an dessen Echtheit zweifelt.

Die Hamlet-Tragödie ist oft als eine Betrachtung über den Tod bezeichnet worden. Da ist viel Wahres daran, aber es gibt noch ein anderes Thema, das das gesamte Stück durchzieht. Überall begegnen wir dem mühsamen, aber vergeblichen Versuch, mit Hilfe der Sprache echte Kommunikation herzustellen. Wenn wir die Figuren aufmerksam beobachten, entdecken wir, daß keine von ihnen wirklich versteht, was irgendeine andere sagt. Manchmal versteht sogar der

Sprecher selbst seine eigenen Worte nicht. Auch wenn die Figuren einander lieben, so wie Hamlet Ophelia und seinen Freund Horatio liebt, dann sprechen sie verschiedene Sprachen, «wilde Wirbelworte». Und sie sind auch nicht in der Lage zu beten; Claudius wird uns bei dem Versuch, ein Gebet zu sprechen, vorgeführt; doch er ist sich bewußt, daß er den Mord, den er begangen hat, in Wahrheit nicht bereut: «Mein Wort fliegt auf; mein Sinn bleibt tief hier unten.» Als Hamlet begreift, daß er sterben muß, spricht er vom Ende dieses Sprachgewirrs: «Der Rest ist Schweigen.» Und Horatio antwortet ihm: «Gut Nacht, mein Prinz: Ein Flug von Engeln singe dich zur Ruh!» Erst wenn Hamlet die sanften Stimmen des Himmels hört, wird der Schmerz seiner Einsamkeit geheilt sein.

Bevor Shakespeare *Hamlet* schrieb, hatte er bereits mehrere Male die Einsamkeit eines Königs oder Prinzen auf der Bühne dargestellt; sowohl Richard II. als auch Richard III. sind ein Beispiel dafür. Shakespeare zeigt uns Richard II. im Gefängnis, wie er verzweifelt mit sich selbst und seinen widerstreitenden Gedanken ringt. Die Einsamkeit Richards III. ist jedoch noch erschreckender; er wird des Nachts in seinem Zelt von den Geistern der von ihm Ermordeten heimgesucht, die ihn schuldig sprechen. Da scheint auf keiner Daseinsstufe mehr noch Hoffnung auf Versöhnung zu bestehen. Später, in der letzten Phase seines Schaffens, als Shakespeare nach vielen Jahren noch einmal zum Historiendrama zurückkehrt, schildert er Königin Katharina, die von ihrem Ehemann, Heinrich VIII., den sie immer noch liebt, vom Hof verstoßen wurde. Mit einer Handvoll Bediensteter lebt sie zurückgezogen auf dem Land, hat aber ihre würdevolle Haltung bewahrt und Heinrich sowie all ihren Gegnern verziehen. In einem Traumgesicht begegnen ihr Gestalten in weißen Gewändern, die einen feierlichen Tanz aufführen und sie zu einem Festmahl laden. Wir wissen, daß dieses erst nach dem bevorstehenden Tod der Königin stattfinden wird.

In einigen von Shakespeares Dramen jedoch gibt es Randfiguren, die nicht so sehr als verantwortliche Individuen, sondern als Repräsentanten einer allgemeinen Stimmung dargestellt werden. Dies ist auch in *Heinrich VIII.* in gewissem Umfang der Fall. Im Londoner Volk, das dort des öfteren erwähnt wird oder selbst auf der Bühne auftritt, spiegelt sich ein Teil des Aufstiegs und Falls der Großen.

Wenn wir etwa fünfzehnhundert Jahre zurückblicken auf die Epoche des Urchristentums, während der die vier Evangelien verfaßt wurden, so stellen wir fest, daß in ihnen oft Menschenmengen, meist als «die Menge» oder «das Volk» bezeichnet, eine große Rolle spielen. Christus spricht zum Volk, und es antwortet ihm ehrfürchtig oder stellt Fragen; manchmal ist es auch anderer Meinung. Immer aber fühlt es sich als Gruppe. Die Jünger dagegen hören mit anderen Ohren zu; sie haben Erfahrungen gemacht, die sie als einzelne geprägt haben, und sie sind weitaus mehr zu eigenem Denken fähig. Ein erstaunlich großer Teil dessen, was uns in den Evangelien als Worte Jesu überliefert ist, gilt den Jüngern. Im Matthäus-Evangelium gibt es fünf

Textpassagen von beträchtlicher Länge, die im wesentlichen an die Jünger gerichtet sind – die erste davon ist die Bergpredigt –, obgleich auch das Volk die machtvolle Wirkung dieser Reden zu spüren bekommt. Insgesamt aber enthalten die ersten drei Evangelien nur wenige Worte, die an Einzelpersonen gerichtet sind, obwohl der Christus sehr häufig bei der Heilung einzelner Kranker dargestellt wird. In allen vier Evangelien begegnen wir jedoch gleich zu Beginn einer kraftvollen, aber einsamen Persönlichkeit. Johannes der Täufer hat sein Elternhaus verlassen, um in der Wüste zu leben. Dort hat er im Übermaß erfahren, was es für einen Menschen bedeutet, allein zu sein. Er ist jedoch nicht durch ein schuldhaftes Verhalten oder durch die Zurückweisung anderer Menschen einsam geworden, sondern infolge der Berufung, die er von Gott erhalten hat, und er wird in Zukunft noch einmal ausweglos einsam sein, wenn er in das Gefängnis im Palast des Herodes am Toten Meer, nicht weit von seinem Aufenthaltsort in der Wüste entfernt, geworfen wird. Zuvor aber gehen viele zu ihm hinaus, um eine Taufe zu empfangen, die das Bewußtsein des einzelnen von sich selbst weckt; und manche werden sogar seine Jünger.

Es kommt aber noch eine weitere Gruppe von Menschen zu Johannes, nämlich die Schriftgelehrten und Pharisäer oder deren Stellvertreter. Sie haben nicht mehr das diffuse Bewußtsein des Volkes, sondern sind zu einer rein intellektuellen Auslegung der Gesetze gelangt. Sie sind stets unzufrieden mit dem, was ihnen zu Ohren kommt; sie können nur das akzeptieren, was der Geist vor langer Zeit offenbart hat, jedenfalls insoweit sie es wahrzunehmen vermögen; im Hier und Jetzt können sie seine Stimme nicht vernehmen.

Im Johannes-Evangelium wird der Christus – nach den vorliegenden geläufigen Übersetzungen – als «zu den Seinen» kommend dargestellt. Aber das griechische Wort, das an dieser Stelle benutzt wird, bedeutet eigentlich «Individuen», d. h. Menschen, die ein Ich besitzen. Und im selben Evangelium wird der Christus auch am häufigsten im Umgang mit einzelnen Männern und Frauen gezeigt, die auf seine Worte und Taten hin Glauben an ihn finden. Jesus aber empfängt die Taufe von einem Mann, der die Einsamkeit zutiefst erfahren hat und der um seine individuelle Verantwortung weiß. Und es sind die Anhänger dieses Mannes, die die ersten Jünger Jesu werden, an erster Stelle Andreas und ein nicht namentlich genannter Jünger, die beide mit Jesus zu dem Ort kommen, an dem Johannes der Täufer weilt. Dann findet Jesus nacheinander und auf verschiedene Weise Petrus, Philippus und Nathanael. (Die übrigen Evangelisten geben eine andere Beschreibung der Berufung der Jünger, aber die Berichte dürfen nicht als widersprüchlich angesehen werden; sie stellen vielmehr verschiedene Momente dar.) Und im weiteren Verlauf des Johannes-Evangeliums begegnen wir immer wieder einzelnen Menschen, zu denen Jesus spricht, Menschen in sehr unterschiedlichen Situationen, die aber fast alle eines gemeinsam haben: Sie sind in gewisser Weise von ihren Mitmenschen getrennt oder haben eine denkwürdige persönliche Entscheidung getroffen. Nikodemus kommt zu Jesus bei

Nacht und allein. Die Samariterin kommt am Mittag allein zu Jakobs Brunnen. Der Mann, der achtunddreißig Jahre lang gelähmt war, beklagt sich, daß er niemanden habe, der ihm hilft. Der Blindgeborene ist sowohl als Behinderter als auch als Bettler allein. Die beim Ehebruch ergriffene Frau leidet an der schrecklichen Einsamkeit eines Menschen, der von allen verdammt wird. Auf jeden dieser Menschen reagiert Jesus in einer Weise, die dessen besonderem Schicksal gerecht wird. In seinem Gespräch mit der Samariterin können wir erkennen, wie sich der Dialog schrittweise fortentwickelt, von der recht allgemeinen Bitte um Wasser zur Frage der Frau nach der Ankunft des Messias und der Erklärung Jesu, wer er sei. Die Frau begreift, daß der, mit dem sie redet, bereits ihre Lebensgeschichte kennt. Jesus besitzt auf einer ganz anderen Ebene das, was im vorliegenden Buch als Sinn, über den die Menschen generell verfügen, als «Ich-Sinn», bezeichnet worden ist. Er vermag die Individualität und Entwicklung eines jeden einzelnen insgesamt zu sehen. In dieser Weise erkannt und bestätigt geht die samaritische Frau zurück in die Stadt, um andere zu Jesus zu bringen.

Die Geschichte vom Blindgeborenen ist noch viel aufschlußreicher als meist angenommen. Sie beginnt damit, daß die Blindheit sogleich als selbstverständliche Folge der «Sünde» gesehen wird: «Wer hat gesündigt, dieser oder seine Eltern, daß er blind geboren ist?» Wenn es jedoch das eigene Verschulden ist, durch das dieser Mann erblindete, dann hat er nur in einem früheren Leben sündigen können. Jene, die so denken, begegnen ihm sein ganzes Leben lang mit Verachtung in den Augen. Und selbst die, die seine Eltern für die Schuldigen halten, meinen, daß er gleichfalls zu tadeln sei: «Du bist ganz in Sünden geboren.» Doch Jesus sagt: «Es hat weder dieser gesündigt noch seine Eltern, sondern es sollen die Werke Gottes offenbar werden an ihm.» Diese Offenbarung besteht aber nicht nur einfach in der Heilung, sondern auch in der ganzen Kette von Ereignissen, die mit ihr verbunden sind, vom anfänglichen Leiden an der Behinderung und ihrer Heilung, in der der Mann eine aktive Rolle übernimmt, bis hin zu seinen späteren Bezeugungen, mit denen er bemerkenswerten Mut beweist. Um der Wahrheit willen ist er bereit, erneut, wenn auch auf ganz andere Weise, zum Ausgestoßenen zu werden.

Diese Geschichte ist eine rätselhafte, vieldeutige Vorbereitung auf den Bericht von der Auferweckung des Lazarus, der nur im Johannes-Evangelium gegeben wird. Die allererste Aussage über Lazarus ist, daß er krank liegt. Jesus hat ihn aber lieb. Aus der Sicht aller vier Evangelien erscheint dies als ein ungeheuerliches Paradox. Jesus bringt allen Heilung, die Hilfe benötigen. In seiner Gegenwart schwebt niemand in Todesgefahr oder stirbt gar. Wie konnte also ein ihm nahestehender Jünger, den er lieb hat, krank werden? Hat dieser irgendeine große Sünde begangen, die ihn von seinem Meister trennt? Nichts in dem Bericht deutet darauf hin. Und was Jesus über die Krankheit des Lazarus sagt, ist in die Zukunft gerichtet wie seine Worte über den Blinden: «Diese Krankheit ist nicht zum Tode, sondern zur Offenbarung Gottes.» Es besteht immer die Möglichkeit, im Hinblick auf eine Krankheit zu fragen, wofür diese eine Vorbereitung sein mag. Im Leben eines Menschen entsteht oft einmal eine Situation, in der etwas abverlangt wird, das man nicht zu leisten imstande ist. Stattdessen werden wir krank oder haben einen Unfall. Es mögen Jahre vergehen, bis wir einer ähnlichen Herausforderung gegenüberstehen, und dann sind wir vielleicht in der Lage, sie anzunehmen und zu bestehen – als Folge der inneren Entwicklung, die die vorherige Krankheit oder der Unfall in uns herbeigeführt haben. Ist die Krankheit des Lazarus möglicherweise so zu verstehen? Und es stellt sich noch eine weiterreichende Frage: Ist Lazarus irgendwie einsam, so wie es nach dem Evangelium viele derjenigen sind, mit denen sich Jesus besonders befaßt? Er wird von Jesus geliebt, hat zwei treue Schwestern und scheint zum Kreis der Jünger zu gehören. Kann er sich da überhaupt alleingelassen fühlen?

Es kann jemand sehr wohl trotz der Liebe und Achtung, die er erfährt, und trotz der Tatsache, daß er zu einem Lehrer aufschaut, der wesentlich größer als er selbst ist, mit einer Aufgabe allein sein, bei der ihm sein Lehrer zunächst aus guten Gründen nicht hilft und bei der ihm niemand sonst einen Rat zu geben vermag. Von Anfang an hat Christus seinen Jüngern angedeutet, daß er durch seine Feinde den Tod finden wird. So hören sie ihn zum Beispiel nach der Tempelreinigung sagen: «Brecht diesen Tempel ab, und in drei Tagen will ich ihn aufrichten.» (Wie der vierte Evangelist gesondert anmerkt, meint Jesus hier den Tempel seines

Leibes.) Alle Evangelien lassen erkennen, daß sich die Jünger nicht über den Sinn solcher Worte zu einigen vermochten. In seinem Bericht über die Verklärung stellt Lukas dar, bei wem Jesus Verständnis für sein bevorstehendes Leiden finden konnte; er spricht auf einem Berg mit Moses und Elias, die ihm verklärt erscheinen. Sie «redeten von seinem Ende, das er in Jerusalem erfüllen sollte.» An dieser Stelle wird ganz deutlich, daß die drei anwesenden Jünger nicht verstehen, wovon gesprochen wird. Monate später, unmittelbar vor seinem letzten Einzug in Jerusalem, spricht Jesus etwas detaillierter über die bevorstehende Passion, und Lukas schreibt: «Sie aber begriffen nichts davon, und der Sinn der Rede war ihnen verborgen, und sie verstanden nicht, was damit gesagt war.» Gehört Lazarus (wie seine Schwester Martha) zu denjenigen, die nichts davon begriffen? In seiner Geschichte ist jedoch eine ganz vage Andeutung enthalten, daß er sehr viel mehr als die anderen versteht. Denn er bleibt in Bethanien, als die übrigen mit Jesus «auf die andere Seite des Jordans an den Ort, wo Johannes zuvor getauft hatte», gegangen sind. Bethanien, ein Ort nahe bei Jerusalem, liegt sowohl an der Straße, die von Jericho kommend durch die Wüste führt, als auch am Hang des Ölbergs. Dorthin begibt sich Jesus des Nachts während der Karwoche, mit Ausnahme des Vorabends der Passion.

Lazarus bereitet sich also in ganz anderer Weise auf die vielleicht erst ein paar Wochen später eintretenden Ereignisse vor. Jesus hat seine Jünger mit in die Wüste genommen, «auf die andere Seite des Jordans», und dort gedenken sie Johannes des Täufers, der von Jesus gesagt hat: «Siehe, das ist Gottes Lamm, das der Welt Sünde trägt.» Lazarus hingegen bleibt in der Nähe von Jerusalem, wo sich das große, für alle Zeiten gültige Opfer des Lamms, auf das bereits im Passahfest vor dem Auszug aus Ägypten hingewiesen worden ist, erfüllen soll. Er ist zutiefst einsam, denn er ist von Jesus und den Jüngern räumlich getrennt und befindet sich zugleich in der Nähe der Feinde Jesu. So muß er nun erwägen, was er tun wird, wenn der entscheidende Augenblick, die Stunde des Kreuzes, tatsächlich kommt. Die Schwestern des Lazarus haben die geheimnisvolle Beziehung zwischen Christus und dem Tod nicht begriffen; sie können ihm nicht helfen. Doch wenn die Stunde wirklich kommt, geht es nicht mehr nur um ein Verstehen; Lazarus muß auch handeln können, wenn das Ereignis geschieht, das so anders ist als alles, was sich bisher in der Welt ereignet hat. Daher gibt es nur eines, das wirkliche Vorbereitung darauf sein kann: Lazarus muß selbst den Tod erleiden und von den Toten auferweckt werden.

Eine der ersten Erkenntnisse, die Rudolf Steiner zu Beginn seiner Tätigkeit als Eingeweihter mitteilte, war, daß Lazarus selbst der Verfasser des vierten Evangeliums gewesen ist. Eigennamen werden in den Evangelien in einer Weise verwendet, die uns heute ungewöhnlich erscheinen muß. Je nach Situation mag ein und dieselbe Person zu verschiedenen Zeiten mit verschiedenen Namen bezeichnet werden. So wird Petrus zum Beispiel, der seinen Namen von Jesus erhalten hat, im letzten Kapitel des Johannes-Evangeliums wiederholt mit «Simon» angeredet; und im Lukas-

Evangelium, das allem Anschein nach einige Zeit vor dem vierten Evangelium verfaßt worden ist, findet sich das Gleichnis vom armen Lazarus, der stirbt und von dem Reichen, der ihn zu Lebzeiten vernachlässigt hat, in Abrahams Schoß geschaut wird. Auch Lazarus von Bethanien ist ein Bettler, wenn auch in ganz anderem Sinne. Der für die Einweihung in die Mysterien der geistigen Welt Auserwählte muß eine Reihe schwerer Prüfungen ablegen. Eine davon besteht darin, daß er zu der Erkenntnis gelangt, daß alles, was er bis dahin bei seinem Streben nach Wissen erkannt hat, in Wahrheit nichtig ist, und daß er einsieht, daß er immer noch nicht in der Lage ist, seinen Willen von der Fixierung auf irdische Dinge zu befreien. Während der alten Mysterienfeiern konnte es vorkommen, daß ein Myste unter dem Einfluß solcher Prüfungen einen Punkt erreichte, an dem er eine Art Tod zu erleiden hatte. Er wurde in ein Grab gelegt und nach drei Tagen vom Hierophanten wieder zum Leben erweckt. Während dieser drei Tage aber lösten sich seine Lebenskräfte vom Körper, so wie es gewöhnlich am Ende des Lebens geschieht, und verweilten mit vollem Bewußtsein in der geistigen Welt. Rudolf Steiner stellt dar, daß das, was sich im Falle des Lazarus ereignet, eine Parallele zu diesen alten Riten aufweist, sich gleichzeitig aber auch von ihnen unterscheidet. Lazarus wird ebenfalls in ein Grab gelegt und nach dreieinhalb Tagen von Christus selbst ins Leben zurückgerufen. Er kehrt verwandelt zurück, wird aber durch diese Erfahrung befähigt, das vierte Evangelium abzufassen, in dem er sich selbst als «den Jünger, den Jesus lieb hatte» bezeichnet – nicht aus Anmaßung, sondern aus grenzenloser Dankbarkeit für das, was ihm zuteil geworden ist.

Eine der folgenschweren Fragen, die auftauchen, wenn wir die vier Evangelien miteinander vergleichen, betrifft jene Geschehnisse, die Johannes ausläßt. Matthäus, Markus und Lukas beschreiben die Verklärung und berichten von der Einsetzung des Sakraments; Johannes tut es nicht. Die anderen schildern, wie Jesus allein im Garten Gethsemane betet; Johannes geht direkt von der Beendigung des Abendmahls zur Gefangennahme Jesu über. Es wäre gewiß falsch anzunehmen, daß Johannes bestimmte Dinge ausläßt, weil von ihnen bereits berichtet worden ist, denn wie die übrigen Evangelisten erzählt auch er die Geschichte von der Speisung der Fünftausend. Eine der möglichen Antworten, die vielleicht zumindest einen Teil der Wahrheit enthalten mag, ist, daß die Bedeutung der Ereignisse, die Johannes ausläßt, sich durch das gesamte Evangelium oder einen beträchtlichen Teil von ihm hindurchzieht. Das Johannes-Evangelium mag vielleicht als auf derselben geistigen Stufe stehend betrachtet werden wie das Gespräch Jesu mit Moses und Elias bei der Verklärung, und es mag denselben wichtigen Inhalt haben.

Der Schilderung der Todesqualen, die Jesus im Garten Gethsemane erleidet, liegt ein überaus ergreifendes, aber auch geheimnisvolles Ereignis zugrunde. Jesu Verurteilung und Leiden stehen unmittelbar bevor, und er setzt sich damit in einem einsamen Gebet auseinander. Selbst die wenigen Jünger, die ihn dorthin begleitet haben – es sind dieselben wie bei der Verklärung –, sind nicht in der Lage, mit ihm zu wachen. Wir sehen uns mit einem furchtbaren Widerspruch konfrontiert: der Einsamkeit eines Gottes.

Warum berichtet Johannes, der so viel über das Alleinsein weiß, nichts davon? Vielleicht teilweise aus folgendem Grund: Die gesamten Abschiedsreden und das hohepriesterliche Gebet (Kapitel 14–17) haben, anders als die Berichte vom Letzten Abendmahl, in den übrigen Evangelien ein und dasselbe Thema. Matthäus, Markus und Lukas befassen sich an dieser Stelle hauptsächlich mit der Einsetzung des Sakraments, das die Jünger in tiefer Ehrfurcht und Geschlossenheit empfangen, wie das wunderbare Gemälde von Fra Angelico zeigt.

Im Johannes-Evangelium spiegeln sich dagegen in den Fragen, die vier der Jünger stellen, die Schwierigkeiten, die sie alle haben. Petrus, Thomas, Philippus und Judas äußern ihre Probleme, unterbrechen damit den Gesprächsfluß und stehen dem großen Auftrag, der ihnen allen erteilt wird, im Weg. Jesus selbst beschreibt, kurz vor seinem berühmten Gebet zum Vater, was geschieht: «Siehe, es kommt die Stunde und ist schon gekommen, daß ihr zerstreut werdet, ein jeder in das Seine, und mich allein laßt. Aber ich bin nicht allein, denn der Vater ist bei mir.»

Die Jünger sind völlig auf sich selbst gestellt; die folgenden Ereignisse erleben sie wie im Traum, unfähig, irgendwie wirksam zu handeln oder irgendein hilfreiches Wort zu sprechen. Jesus ist unter den Menschen auf der Erde allein. Niemand steht ihm bei, niemand tritt den Anfechtungen seiner Feinde entgegen, niemand nimmt an seinem großen Leid Anteil. Keiner begreift, was geschieht. Die Dunkelheit, die sich über die Welt senkt, breitet sich auch in den Herzen der Menschen aus. Dieses völlige Unverständnis ist der Kelch, den Jesus am Ölberg annehmen muß, und es ist ein Trinken, das den Durst der Seele nach Verständnis nur verschlimmert, jenen Durst, den Jesus am Kreuz verspürt, wie uns ausschließlich Johannes berichtet.

Dennoch gibt es einige wenige, die Verständnis zeigen. Einer von ihnen ist «der Jünger, den Jesus lieb hatte», ein anderer seine Mutter. Es wird nicht immer bedacht, wie einsam Maria geworden sein muß, nachdem das Volk von Nazareth sich von Jesus losgesagt und versucht hatte, ihn zu steinigen. Ihre übrigen Söhne, die Markus aufzählt, haben Jesus auch nicht verstanden. Sie aber tat es, und zwar schon von der Zeit der Taufe an; sie war mit ihm bei seinem ersten Wirken zu Kana in Galiläa. Dennoch geht eindeutig hervor, daß sie Jesus üblicherweise nicht bei seinen Reisen begleitete. Es gibt ein wunderschönes Bild von Dürer, das Jesus zeigt, als er Abschied von seiner Mutter nimmt; und vielleicht hat mehr als nur ein solcher Abschied stattgefunden. Am Kreuz aber stellt Jesus eine neue Beziehung her, indem er zu ihr sagt: «Frau, siehe, das ist dein Sohn!» und zum geliebten Jünger «Siehe, das ist deine Mutter!». Der darauffolgende Satz enthält die griechischen Wörter *ta idia*; der Jünger nimmt Maria «zu sich», d. h. er bezieht sie in seine persönlichen Entscheidungen und in seine Verantwortung mit ein. Es scheint überhaupt keinen Hinweis darauf zu geben, daß Maria in Bethanien wohnte, aber sie mag sehr wohl ihr späteres Zuhause in Ephesus gefunden haben, mit dem der geliebte Jünger durch eine unbestrittene, frühe Tradition in Zusammenhang gebracht wird.

So begegnen wir im Zeichen des Kreuzes einem wunderbaren Beispiel dafür, daß die Einsamkeit ihre Heilung selbst vorbereitet. Wären Maria und der geliebte Jünger nicht zuvor einsam ihrer Wege gegangen, hätten sie nicht die Beziehung zueinander finden können, die nun entsteht. Darin bringt Maria ihre tiefe Einsicht in die Geheimnisse der Geburt ein und Johannes die Früchte seiner Erkenntnis aus der Begegnung mit dem Tod. So vermögen sie das Verhältnis zwischen Mutter und Sohn, das Jahrtausende lang die Vorstellung der Menschen bewegt hat, ins Reich des ewigen Lichts zu erheben. Während der Stunden seiner größten Einsamkeit, als Christus sein Blut auf die Erde verströmte, hat er eigenverantwortlichen Menschen einen neuen Bereich starker Beziehungen zueinander erschlossen, die die Blutsbande sowohl verwandeln als auch übersteigen.

Auferstehung und Himmelfahrt

Das Neue Testament sagt sehr wenig über jene Ereignisse aus, die sich zwischen dem Kreuzestod Christi am Karfreitag und seiner Auferstehung am Morgen des Ostersonntags zugetragen haben. In seinem Ersten Brief erwähnt Petrus kurz, daß Christus «hingegangen ist und den Geistern im Gefängnis gepredigt hat». Davon gibt es in den frühchristlichen apokryphen Schriften lebendige, visionäre Darstellungen, die im Mittelalter zu jenen Mysterien-Spielen ausgestaltet wurden, die die Qualen der Hölle zum Inhalt haben.

Die «Geister im Gefängnis» sind jene, die von den Erfahrungen während ihrer irdischen Existenz so sehr beeinflußt worden sind, daß sie nicht den Weg aus dem zeitlichen in das überzeitliche Dasein zu finden vermochten. Sie verweilen in einem Reich, in das sie nach dem Tod gelangt sind. Dort versuchen unterirdische Geister, sie in ihrem Bann zu halten; Christus aber kommt, um sie zu befreien und ihren Fuß auf die große Stufenleiter zu den Sternen zu stellen. Wie Paulus sagt, überläßt Christus den Mächten der Finsternis nicht die unumschränkte Herrschaft über das Innere der Erde. Er beansprucht Erde und Hölle als sein Reich, das ihm von seinem Vater anvertraut ist, und setzt damit den

Anfang eines langen Kampfes, das Böse zu erlösen und es in die Harmonie des Kosmos zurückzuführen. Auch heute lernen die Seelen zahlloser Verstorbener Christus als ein lichthaftes Wesen kennen; das bezeugen die Aussagen von Menschen, die im Krankenhaus für tot erklärt und dann doch wiederbelebt wurden. Dieses Lichtwesen, das sie vielleicht gar nicht benennen wollen, hat zu ihnen gesprochen, hat sie ermutigt und manchmal darin unterstützt, auf ihr vergangenes irdisches Leben zurückzublicken und zu erkennen, daß Liebe und Lernen das Wichtigste auf der Welt sind – Aufgaben, zu denen sie möglicherweise in wenigen Augenblicken, nach irdischer Zeitrechnung gemessen, zurückkehren müssen.

Wenn die Evangelien sich mit der Auferstehung befassen, auf die alles, was sie vorher berichtet haben, hinzielt, so steht in ihrer Schilderung die Wirkung dieses Ereignisses auf die Menschen im Vordergrund. Über den geheimnisvollen Vorgang, durch den der neue, unsterbliche Leib, den die Jünger zu sehen bekommen, entstanden ist, wird kaum etwas gesagt. Darüber werden wir erst im Laufe vieler Jahrhunderte Einzelheiten erfahren. Jedes der Evangelien schenkt auf seine Weise sowohl den Umständen, unter denen die ersten Begegnungen mit dem auferstandenen Christus stattfinden, als auch den Personen, die daran teilhaben, besondere Beachtung. Alle vier stimmen darin überein, daß es Frauen gewesen sind, die den auferstandenen Christus zuerst sahen. Sie, die über einen Leib verfügen, der den beweglicheren Elementen verwandt ist, waren es, die genügend Empfindungskraft besaßen, um solch völlig neue, nie dagewesene Eindrücke aufzunehmen. Und besonders ausführlich wird die Begegnung Christi mit einer ganz individuellen Frau geschildert.

Im letzten Kapitel des Markus-Evangeliums heißt es, daß Christus zuerst Maria von Magdala erschien, «von der er sieben böse Geister ausgetrieben hatte». Zahlen sind im Neuen Testament niemals willkürlich. Maria von Magdala hat einen siebenfachen Angriff ihres Körpers auf die Seele erlitten. Die Zahl sieben erscheint aber gewöhnlich im Zusammenhang mit den guten Gaben des Himmels an die Erde; das Buch Genesis etwa beginnt mit den sieben Schöpfungstagen, und die gesamte Offenbarung des Johannes baut auf einer Bildfolge von sieben Gemeinden, sieben Siegeln, sieben Posaunen und sieben Schalen des Zorns auf. Doch auch das Böse in seiner vielfältigen Form spiegelt gleichsam verzerrt die Ordnung des Kosmos wider. Die Planeten können die Lebensprozesse und Organe des menschlichen Körpers in einer Weise beeinflussen, die sich auf jede einzelne Funktion störend auszuwirken und die Seele zu bekümmern vermag.

Solche Störungen spalten die Seele in sich und machen sie dunklen Mächten zugänglich. Auch in der Gegenwart erleben viele Menschen in gewissem Umfang eine innere Gespaltenheit; ihr Selbst scheint in mehrere Personen geteilt. Wenn diese Menschen mit anderen zusammen sind, fühlen sie sich einsam, weil niemand mit ihnen umzugehen weiß. Christus hat Maria Magdalena von einem solchen Leiden geheilt, indem er sie einerseits in ihrem Ich-Bewußtsein bestärkte und andererseits zu der kleinen Gemeinschaft von Frauen führte, die ihn auf seinen Wegen begleiteten und auch mit in der Nähe des Kreuzes waren. Am Ostermorgen, so berichtet das Johannes-Evangelium, steht Maria Magdalena jedoch allein am Grab, das die übrigen Frauen verlassen haben. Sie blickt ins Dunkel und weint. Da sieht sie «zwei Engel in weißen Gewändern sitzen, einen zu Häupten und den andern zu Füßen, wo sie den Leichnam Jesu hingelegt hatten». Die Engel fragen sie, warum sie weine, und sie spricht darauf von nicht näher bezeichneten Personen («sie»), die ihren Herrn weggenommen hätten. Dann wendet sie sich vom Dunkel des Grabes ab und blickt in den Garten mit all seinen Blumen, Knospen und Bäumen, die in ihren Frühlingsfarben leuchten, denn es ist April. Plötzlich nimmt sie eine ihr fremde menschliche Gestalt war. Dies geschieht immer wieder in den Berichten von der Auferstehung; Christus wird zuerst nicht erkannt, denn seine Gestalt sieht ganz anders als vor dem Leiden aus. Er hat einen neuen, verklärten und mit wunderbarer Bewegungsfähigkeit ausgestatteten Leib angenommen und stellt so das erste Mitglied einer neuen Schöpfung des Menschen dar, nicht vom Sechsten Tage, sondern vom Ersten. Nicht ohne Grund irrt sich Maria, als sie Christus zunächst für den Gärtner hält, denn er ist ja gekommen, um die Sorge für alles Leben auf der Welt, einschließlich der Menschen, zu übernehmen und um die Erde davor zu bewahren, eine Wüste zu werden.

Maria sagt dem Fremden beherzt, daß sie den Leib ihres Herrn holen werde, wenn er es sei, der ihn weggetragen habe, und wenn er ihr sage, wo er ihn hingelegt habe. Statt einer Antwort nennt er sie nur bei ihrem Namen, und zwar in einer Weise, wie dies nur Christus Jesus zu tun vermag, so daß Maria sich als «Ich» angesprochen und erkannt fühlt.

Jede Einzelheit in diesem Gespräch fordert, lange und mit Feingefühl bedacht zu werden. Unser Verständnis wird um so mehr erschwert, als wir kaum alle Bedeutungen nachempfinden können, die in manchen Wörtern mitschwingen mögen. *Rabbuni* ist die vollständigere, ergebenere Form der Anrede *Rabbi* und wird offensichtlich meist dann verwendet, wenn der Sprecher Gott in seiner Eigenschaft als Lehrer meint. Im Johannes-Evangelium wird die Anrede *Rabbi* manchmal mit einem gewissen Anflug von Ironie benutzt, so als ob der Sprecher nicht wüßte, daß Christus viel mehr als nur ein Lehrer ist. Aber hier, in diesem Zusammenhang, drückt die von Maria Magdalena benutzte Anrede die völlige Erkenntnis der Sprecherin aus, daß die Lehre, die sie von Christus erhalten hat, ihre Seele reinigt und heilt. Die darauf von Jesus gesprochenen Worte sind allgemein in Anlehnung an die Vulgata mit «Rühre mich nicht an!» übersetzt worden. Doch bei den modernen Bibelübersetzern und -kommentatoren besteht weitgehend Einigkeit darüber, daß Maria die Füße von Jesus bereits umfaßt hält, so wie es die Frauen im Matthäus-Evangelium (28, 9) tun, und daß das griechische Wort an dieser Stelle impliziert, daß sie ihn von seinem weiteren Weg zurückhält. Sie erhält indes eine Aufgabe: «Geh hin zu meinen Brüdern und sage ihnen: Ich fahre auf zu meinem

Vater und zu eurem Vater, zu meinem Gott und zu eurem Gott.» Beim Letzten Abendmahl hat Jesus gesagt, daß er die Jünger nicht Diener, sondern Freunde nennen wolle; nun spricht er von ihnen als Brüdern. Und Maria Magdalena soll als Schwester zu ihnen gehen, um ihre Gedanken von der unmittelbaren Vergangenheit in die Zukunft zu lenken.

Die Jünger haben jedoch große Schwierigkeiten zu glauben, was Maria und die anderen Frauen ihnen berichten. Aber sie beginnen nun, sich wieder zusammenzufinden nach der bitteren Trennung, die sie seit der Gefangennahme Jesu erlitten haben. Zwei weitere Jünger, der eine mit Namen Kleopas, gehen gemeinsam am Nachmittag des Ostersonntags zum Dorf Emmaus, das nördlich von Jerusalem liegt. Es ist ein Fortschritt, daß sie miteinander reden, obwohl sie noch in tiefer Trauer sind. Unterwegs nähert sich ihnen ein dritter Wanderer, gesellt sich zu ihnen und spricht mit ihnen. Gemeinsam rekapitulieren sie, was im Gesetz Mose, bei den Propheten und in den Psalmen geschrieben steht, und ein Hoffnungsschimmer durchfährt die beiden Jünger: Ist es nicht vorausgesagt worden, daß der Bote Gottes von den Händen der Menschen Leid erfahren würde? In Emmaus überreden sie ihren Gefährten, mit ihnen ins Haus zu treten. Und als er, den sie zunächst für «einen Fremden in Jerusalem» gehalten haben, bei Tisch das Brot nimmt, dankt, es bricht und ihnen gibt, da erkennen sie ihn, und er verschwindet vor ihnen.

Es darf nicht übersehen werden, daß die Offenbarungen des auferstandenen Christus zu einem Zeitpunkt stattfinden, als sich in der Erfahrung der Jünger alte und neue Eindrücke zu mischen beginnen. Die beiden Emmausjünger haben das, was im Gesetz Mose und bei den Propheten über Christus geschrieben steht, ihr Leben lang gekannt; nun hören sie es von einer neuen Stimme wie von einem Fremden gesprochen, nachdem sie großen Schmerz erfahren haben. Ähnlich verhält es sich mit den Elf: Sie sind abends an einem vertrauten Ort versammelt, dem Obergemach, in dem das Letzte Abendmahl stattgefunden hat, und sie haben aufgrund ihrer vergangenen Erfahrungen das Haus gegen Eindringlinge gesichert. Doch auch sie sind mit Neuem konfrontiert: Sie haben gehört, was die Frauen verkündeten, und von Simon Petrus erfahren, daß er dem auferstandenen Christus begegnet ist – eine Begebenheit, die von den Evangelisten nicht geschildert wird. Sie lassen die beiden Emmausjünger herein, die von ihren Erlebnissen berichten. Obgleich den Jüngern das alles rätselhaft erscheint, sind sie in gewisser Weise vorbereitet, als Christus mitten unter sie tritt. Sie meinen, ihn als Geist zu erblicken, er aber beweist ihnen, daß er über einen leiblichen Körper verfügt, wenn auch von ganz neuer Beschaffenheit, verklärt und unsterblich, aber mit «Fleisch und Knochen, wie ihr seht, daß ich sie habe».

Dieses Zitat stammt aus der Schilderung des Lukas, die überdies einen anscheinend verwirrenden Widerspruch zum Bericht des Johannes aufweist. Johannes sagt nämlich, daß Thomas an jenem Abend nicht bei ihnen gewesen ist; wie können es dann aber, wie Lukas sagt, elf Jünger sein? Vielleicht läßt sich eine Antwort auf diese Frage finden, wenn wir die Zwölf weniger als eine geschlossene Gruppe betrachten und sie vielmehr als Kreis verstehen, der ein irdisches Abbild des großen, kosmischen Kreises der im Tierkreis versinnbildlichten Kräfte ist. Einem Kreis von Zwölfen kann sich ein dreizehnter anschließen, und die Plätze im Kreis können zu verschiedenen Zeiten von verschiedenen Personen eingenommen werden. Wenn Johannes Lazarus nicht, wie es möglich scheint, identisch mit Johannes, dem Sohn des Zebedäus, ist, so mag er sich vielleicht den Zwölfen vor dem Letzten Abendmahl hinzugesellt haben, denn es gibt einige alte bildliche Darstellungen des Abendmahls, die dreizehn Jünger zeigen. Aber wir brauchen hier keine abschließende Antwort darauf zu finden.

Wenn wir dem Bericht des Johannes folgen, so hat Thomas während der ersten Osterwoche ein trauriges Alleinsein durchlebt, da er nicht glauben kann, was die anderen sagen. Er ist ein tiefgründiger Melancholiker, wie seine Frage beim Letzten Abendmahl verdeutlicht: «Herr, wir wissen nicht, wo du hingehst; wie könnnen wir den Weg wissen?» Am Sonntag nach Ostern sind die Jünger wieder alle versammelt, und der Christus kommt zu ihnen. Nachdem er ihnen Frieden gewünscht hat, spricht er zu Thomas: «Reiche deinen Finger her und sieh meine Hände und reiche deine Hand her und lege sie in meine Seite, und sei nicht ungläubig, sondern gläubig!» Wenn der Gesichts- und Tastsinn zusammenwirken, so erleben wir dies in der physischen Welt als den sichersten Beweis, daß etwas wirklich ist. Und Thomas antwortet: «Mein Herr und mein Gott.»

Johannes zufolge hat sich der Christus ein drittes Mal den Jüngern, und zwar sieben von ihnen, am See Tiberias offenbart. Diese Begebenheit wird im 21. Kapitel erzählt, das sich in gewisser Hinsicht vom Rest des Evangeliums unterscheidet. Es hat einen imaginativen, fast traumähnlichen Charakter. Aus der Darstellung des Lukas scheint hervorzugehen, daß die Jünger alle in Jerusalem geblieben sind. Wiederum mögen neue Erfahrungen, die vielleicht ihren Ort eher im Reich der Seele als in der physischen Welt haben, auf Erinnerungen aus der Vergangenheit stoßen. Und wiederum wird der Christus nicht sogleich erkannt.

Seit Petrus seinen Herrn verleugnet hat, trägt er eine schwere Sorgenlast mit sich. Die Verleugnung war zwar nicht eine so finstere Versuchung wie der Verrat des Judas, doch sollten wir auch nicht von Judas meinen, daß er auf ewig zur Einsamkeit verdammt sei, denn irgendwann wird seine Seele sich wieder der Gemeinschaft der Diener Christi anschließen. Obgleich Petrus bereits durch die Auferstehung viel Trost erfahren hat, kann er jedoch immer noch nicht die Umstände vergessen, die zur Verleugnung und damit zu seinen späteren heftigen Selbstvorwürfen geführt haben. Sie werden ihm nun wieder unmittelbar in Erinnerung gerufen.

Während der kalten Nachtstunden, die auf die Gefangennahme Jesu folgten, hatte er versucht, sich an einem kleinen Feuer zu wärmen, das außerhalb des Versammlungssaals des Hohen Rats brannte. Nun brennt wieder ein kleines Feuer in den frühen Morgenstunden – diesmal am Ufer des Sees Tiberias. Nachdem sie Brot und Fisch gegessen haben, stellt Christus Jesus drei Fragen, in denen er Petrus mit seinem eigentlichen Namen «Simon» anredet und dazu auf den Namen von dessen Vater verweist: «Simon, Sohn des Johannes!» Wie in jener verhängnisvollen Nacht, als Petrus dreimal leugnete, Jesus zu kennen, soll er nun wieder dreimal etwas bestätigen. Die Bestätigungen seiner Liebe zu Jesus fallen ihm aber sehr schwer, zum Teil deshalb, weil er nicht ganz einzusehen vermag, warum er sie geben soll; es kann doch kein Zweifel mehr an seiner Liebe zu Jesus bestehen. In der griechischen Version dieser Textpassage werden zwei verschiedene Wörter für «Liebe» gebraucht, und seit jeher sind die Übersetzer geteilter Meinung darüber, ob diese Varianten bedeutungsverändernd sind oder nicht. Alexander Sauter führt in seinem nützlichen englisch-griechischen Taschenlexikon zum Neuen Testament drei griechische Wörter für «lieben» an und gibt folgende Hinweise zu deren Gebrauch: *eramai* bezieht sich auf die leidenschaftliche Liebe, *phileo* auf die freundschaftliche und *agapao* auf die ehrerbietige Liebe. In bezug auf die Einsamkeit scheinen diese drei Formen der Liebe unter verschiedenen Aspekten wichtig: Wenn *eros,* die leidenschaftliche Liebe, in völliger Gegenseitigkeit entflammt, so vermag sie die Einsamkeit ganz zu verdrängen. Wenn die Leidenschaft aber verfliegt, so hinterläßt sie meist eine noch schlimmere Einsamkeit als zuvor. *Philia,* die liebevolle Freundschaft, stellt einen großen, in der Einsamkeit oft ersehnten Trost dar, und sie vermag von langer Dauer zu sein. *Agape* jedoch, die selbstlose Liebe, vermag ein schmerzliches Alleinsein in fruchtbare Einsamkeit und in ein tiefes Gemeinschaftsgefühl zu verwandeln. Jesus verwendet in seiner ersten Frage an Petrus das Verb *agapao,* und Petrus antwortet demütig mit *phileo,* da Jesus ihn schon zuvor einen Freund genannt hat. Dasselbe geschieht in der zweiten Frage und Antwort, in der dritten aber scheint Jesus einen Schritt in der Rangfolge der Liebe zurückzugehen, indem er das Wort *phileo* benutzt. Dies ist für Petrus besonders bitter; wird denn selbst dieses Maß an Liebe in ihm in Zweifel gezogen? Berücksichtigt man die unterschiedliche Wortwahl des griechischen Bibeltextes, so mag die betreffende Passage (Joh. 21, 15–17) folgendermaßen lauten:

«Als sie nun das Mahl gehalten hatten, spricht Jesus zu Simon Petrus: Simon, Sohn des Jona, liebst du mich mehr, als mich diese lieben? Er spricht zu ihm: Ja, Herr, du weißt, daß ich dich lieb habe. Spricht Jesus zu ihm: Weide meine Lämmer!

Spricht er zum zweiten Mal zu ihm: Simon, Sohn des Johannes, liebst du mich? Er spricht zu ihm: Ja, Herr, du weißt, daß ich dich lieb habe. Spricht Jesus zu ihm: Weide meine Schafe!

Spricht er zum dritten Mal zu ihm: Simon, Sohn des Johannes, hast du mich lieb? Petrus wurde traurig, weil er zum dritten Mal zu ihm sagte: Hast du mich lieb?, und sprach zu ihm: Herr, du weißt alle Dinge, du weißt, daß ich dich lieb habe. Spricht Jesus zu ihm: Weide meine Schafe!»

Das Temperament des Petrus verleitet ihn, einerseits

überstürzt zu handeln und andererseits zu zögern; nach den schweren Prüfungen, denen er sich unterziehen muß, findet er sein Gleichgewicht nur mit Hilfe sowohl der großen göttlichen Liebe als auch seiner eigenen tiefen Zuneigung. Die Gemeinden, zu deren Dienst er berufen wird, erscheinen erst sinnbildlich als Fische, die im sicheren Netz göttlicher Weisheit gefangen sind, und dann als Schafe. Schafe und Lämmer werden im Neuen Testament jedoch nie im modernen Sinn gedankenloser Mitläufer verstanden, sondern als Wesen, die aus freien Stücken zur Selbstaufopferung fähig sind. Es ist also eine auserlesene Gemeinschaft, in deren Dienst sich Petrus für den Rest seines Lebens als Fischer und Schäfer stellen wird.

Lukas ist der einzige Evangelist, der im 1. Kapitel der Apostelgeschichte ausführlich von der Himmelfahrt berichtet. Die bloße Vorstellung der Himmelfahrt Christi birgt für die Menschen heute eine Fülle von Rätseln. Wenn wir von der Erde zum Himmel aufschauen, blicken wir da nicht lediglich in einen endlosen, leeren Raum, durch den sich einige verhältnismäßig winzige Objekte mit kaum vorstellbarer Geschwindigkeit bewegen? Und hat der Christus nicht versprochen, daß er bei seinen Jüngern auf der Erde bleiben würde bis ans Ende der Welt? Was mag es bedeuten, daß «eine Wolke ihn vor ihren Augen weg aufnahm?» Wolken werden heute einfach als interessante, physikalische Studienobjekte verstanden oder als Hinweise auf die Wetterlage. Selten denken wir daran, wieviel wir ihnen verdanken – ohne Wolken gäbe es kein Leben auf der Erde –, oder daran, welch ungeheure Fülle an Bewegungen in ihnen geschehen. An ihrer Entstehung haben alle vier Elemente Anteil: die Erde in Form von Staubpartikeln, das Wasser, das mit Hilfe von Wärme als Dampf aufsteigt, und die Luft, die den Wolken ihre Gestalt gibt und sie fortbewegt. Das Wasser, das aus den Wolken als Regen oder Schnee zur Erde fällt, ist aber keineswegs identisch mit dem, das zuvor von der Erde aufstieg. Es hat durch die Elementargeister eine Erneuerung erfahren und bringt nun Segen mit sich.

Die Erde ist jedoch nicht immer in der Lage, diesen Segen in der entsprechenden Weise zu empfangen. Schwere Regenfälle mögen das Erdreich fortschwemmen oder den Boden aufweichen, sofern nicht genügend Bäume vorhanden sind. Bäume verlangsamen den Lauf des Wassers; sie halten es mit ihren Wurzeln zurück, die tiefer reichen als die von Gras oder von kleinen Pflanzen, und sie befestigen den Boden und reichern ihn an. Ganze Zivilisationen können durch die Anpflanzung von Bäumen gerettet werden. Ein herausragendes Beispiel ist der Ölbaum. Viel zu viele dieser Bäume, die die Berge Attikas einst bedeckten, sind von den Griechen gefällt worden, vermutlich zum Feuermachen, für den Häuser- und den Schiffsbau. Platon beschreibt in seinem *Kritias*, daß der Boden dort «viele andere, hohe Fruchtbäume trug und den Herden höchst ergiebige Weide bot», aber nachdem die Bäume verloren waren, fand eine heftige Erosion statt: «Es sind nun aber, wie bei kleinen Inseln, gleichsam, mit dem damaligen Zustand verglichen, die Knochen des erkrankten Körpers noch vorhanden, indem nach dem Herabschwemmen des fetten und lockeren Bodens nur der hagere Leib des Landes zurückblieb.» Im Anschluß an dieses Zitat schreiben J. Sholto Douglas und Robert A. de J. Hart in ihrem wichtigen Buch über das Forstwesen: «So sahen sich die Athener wie so viele andere Nationen vor und nach ihnen mit der Tatsache einer zerstörten Landschaft konfrontiert [...], aber im Unterschied zu anderen Völkern, die ihre Heimat einfach verließen und sich woanders ansiedelten, nahmen sie diese Herausforderung an und bewältigten sie. Sie gaben ihre damaligen Haupterwerbsquellen, die Viehzucht und den Ackerbau, auf und konzentrierten sich auf den Anbau von Ölbäumen und Weinreben, Pflanzen, die selbst auf den kargen, ausgeschwemmten Hängen wachsen, ja sogar gedeihen konnten.»

Auch in Judäa gab es viele Berge, die für den Anbau von Ölbäumen terrassiert worden waren. Aber der Name des Ölbergs hat noch einen tieferen Sinn. Dieser Berg mit seinen meist steilen Hängen erstreckt sich in einem beträchtlichen Umfang zwischen Jerusalem und dem Wüstengebirge im Osten. Wenn seine Ölbaumterrassen nicht wären, hätte sich die Wüste wahrscheinlich schon bis zu den Mauern von Jerusalem ausgebreitet. So handelt es sich nicht nur um eine bloße Ortsangabe, wenn der Ölberg im Evangelium eine Rolle spielt, sondern er hat auch die Bedeutung eines segensreichen Schutzes für das Wirken Christi: Bethanien, der Ort, an dem Lazarus von den Toten auferweckt wurde, liegt am Osthang des Berges kurz vor der Stelle, an der die Straße nach Jericho in die Wüste mündet; an seinem Westhang, der in Richtung des Tempels blickt, hat Jesus einigen seiner Jünger am Anfang der Karwoche die lehrreiche Rede über die Endzeit gehalten, und auf der Höhe des Ölbergs, vierzig Tage nach Ostern, sieht eine große Zahl der Jünger, wie er ins Reich der Wolken aufgenommen wird. Der große Vermittler zwischen Himmel und Erde betritt das Reich, in dem sich die Elemente begegnen, um zwischen der Kraft der Sonne und den Bedürfnissen der Erde einen Ausgleich herzustellen. Der «Himmel», in den Christus auffährt, ist nicht irgendein weit entfernter Ort, sondern befindet sich im großen Weben des Geistes, das die gesamte Atmosphäre der Erde erfüllt. Von dort segnet er nun das Leben überall auf der Welt, indem er die Elementarwesen in ihrer Aufgabe bestärkt und lenkt, die Erde davor zu bewahren, daß sie zu früh zu Staub zerfällt. Aus den himmlischen Höhen sendet er den Jüngern seine Gaben, die diese aber nur dadurch empfangen, daß sie den Kummer ertragen, ihn nicht mehr so wie in den vergangenen vierzig Tagen seit Ostern zu schauen. Und es wird ihnen auch eine tröstliche Gewißheit bezüglich der Zukunft zuteil: «Und als sie ihm nachsahen, wie er gen Himmel fuhr, siehe, da standen bei ihnen zwei Männer in weißen Gewändern. Die sagten: Ihr Männer von Galiläa, was steht ihr da und seht zum Himmel? Dieser Jesus, der von euch weg gen Himmel aufgenommen wurde, wird so wiederkommen, wie ihr ihn habt gen Himmel fahren sehen.»

In der Zeit zwischen Christi Himmelfahrt und Pfingsten finden wunderbare Entwicklungen bei den Menschen auf der Erde statt. Der Kreis der Jünger hat sich wieder vervollständigt, und die blutsverwandte Familie vereint sich mit der neugegründeten, geistigen, so daß die Mutter Jesu als Mutter beider angesehen werden kann. Ihr großer Schmerz bestand unter anderem darin, daß ihre jüngeren Söhne sich vor der Passion Jesus gegenüber feindlich verhalten hatten. Das Schicksal des ältesten von ihnen, Jakobus, des «Bruders des Herrn», das im Neuen Testament nur kurze Erwähnung findet, ist von Emil Bock mit Hilfe der frühchristlichen Überlieferungen rekonstruiert worden.

Wie Petrus und Thomas mußte auch Jakobus ein dunkles Tal der Einsamkeit durchqueren. Es fiel ihm schwer, Jesus zu verstehen. Er war zwar ein tief religiöser Mensch, bewahrte aber sein Leben lang eine besonders starke Verbundenheit mit den alten Lehren und Bräuchen der Juden. Daher konnte er nicht umhin, wie die Schriftgelehrten und Pharisäer die Taten Jesu als Ausdruck einer gewissen Mißachtung des Gesetzes zu betrachten. Dennoch schmerzte es ihn sehr, daß er sich nicht im Einklang mit Jesus befand – und dieser Schmerz wurde größer, als der Konflikt in Jerusalem seinem Höhepunkt zustrebte. Zum Zeitpunkt des Leidens Jesu beschloß Jakobus, wie Hieronymus uns in einer Lebensbeschreibung überliefert, so lange in völliger Einsamkeit zu fasten, bis er erkennen würde, was geschehen war. Nach Beendigung dieser Zeit offenbarte sich ihm der auferstandene Christus, belehrte ihn und verlieh ihm das große Vorrecht, das Sakrament der Eucharistie gemäß seiner Anweisung zu feiern. Da konnten die Jünger Jakobus in ihrer Mitte aufnehmen, so wie sie später auch Paulus aufgenommen haben, nämlich als jemanden, den sie einst als weit von ihnen entfernt betrachtet hatten, der nun aber ihr Bruder war. Vom Zeitpunkt der Himmelfahrt an konnte das Sakrament überall auf der Erde gefeiert werden, denn Christus war zugegen und wohnte in den reinen Gaben der Natur. Infolge seines Wirkens konnte nun jedes Mitglied der Gemeinde das verwandelte Brot und den verwandelten Wein als eine Saat des unsterblichen Leibs empfangen.

Ein weiteres Geschenk, das den Jüngern nach der Himmelfahrt zuteil wurde, als die sichtbare Gestalt ihres Herrn vor ihnen verschwunden war, erreichte sie mit der Herabkunft des Heiligen Geistes zu Pfingsten. Da erwachten sie endlich aus dem Bewußtsein, das sie seit dem Abend vor Karfreitag gefangengehalten hatte, und sie wurden einerseits zu individuellen, eigenständigen Persönlichkeiten, andererseits fanden sie zu einer wirklichen Gemeinschaft. So konnten sie der Welt in dem Vertrauen begegnen, daß sie überall auf Verständnis und offene Herzen stoßen würden, wenn sie Zeugnis von der Auferstehung Christi ablegten.

Die Erscheinungen des auferstandenen Christus hörten aber nach Pfingsten nicht völlig auf. Saulus war ein überaus glaubensstrenger Pharisäer, der mit der Ankunft des Messias die Erwartung verband, daß dieser jeden verdammen würde, der das Gesetz Mose nicht gewissenhaft in allen Einzelheiten befolgte.

Nachdem Stephanus gesteinigt worden war, spürte Saulus jedoch einen Zwiespalt in sich. Das Gesicht des Stephanus hatte im Sterben noch engelgleich geleuchtet, er hatte seinen Feinden verziehen und den Christus neben seinem Vater im Himmel geschaut. Man konnte ihn nicht einfach als Gotteslästerer betrachten. Als Saulus sich nach Damaskus aufmachte, um jeden Christen, den er finden würde, zu verhaften, führte ihn sein Weg aus einem unfruchtbaren Landstrich in eine Gegend von üppiger Fruchtbarkeit. Dort, in der näheren Umgebung von Damaskus, hatte er zur Mittagsstunde, wenn die Menschen und Tiere den Schatten der Bäume am dringendsten brauchen, seine Christus-Schau. Er erkannte den Messias, aber nicht so wie er ihn erwartet hatte, sondern einen Messias, der den Tod erleidet und der die Menschen nicht verdammt.

Als Paulus Damaskus verließ, suchte er für eine Weile die Einsamkeit und hielt sich drei Jahre in Arabien auf. Danach kehrte er nach Jerusalem zurück und begegnete den dortigen Christen. Aber er blieb nicht bei ihnen. Sein Reich war die gesamte Küste des Mittelmeers, das Reich des Ölbaums, wie Rudolf Steiner hervorhebt. Paulus fand seine Gemeinden hauptsächlich unter den Nichtjuden. Als später zwischen den nichtjüdischen Christen und der Gemeinde in Jerusalem ein Streit über das Gesetz Mose entbrannte, an dem die Jerusalemer insgesamt festhielten, da war es Jakobus, der behutsam zwischen beiden Seiten vermittelte und jene entscheidenden Worte sprach, die die nichtjüdischen Christen in die Freiheit entließen.

Die Gegenwart Christi in der heutigen Zeit

Fast zweitausend Jahre lang sind Erscheinungen des auferstandenen Christus eine Seltenheit gewesen. Rudolf Steiner hat jedoch vorausgesagt, daß von etwa 1933 an das Christus-Erlebnis, das Paulus in Damaskus hatte, sich für viele zu erneuern beginnen und weiterhin immer häufiger stattfinden würde. Schon jetzt scheint diese Verheißung erfüllt, wenn auch die uns bekannt gewordenen Beispiele nicht gerade zahlreich sind. Viele der Betroffenen haben etliche Jahre lang Stillschweigen über ihre Erfahrung bewahrt oder haben sich nur ihren Nächsten mitgeteilt. Die schriftlichen Aufzeichnungen zweier ungewöhnlicher Frauen hingegen sind weithin bekannt geworden. Der eine Bericht stammt von Julia de Beausobre, deren Ehemann trotz seiner adligen Abkunft als Beamter im Staatsdienst tätig war und während einer von Stalins Säuberungsaktionen verhaftet und ins Gefängnis gebracht wurde. Auch Julia de Beausobre wurde inhaftiert und in Unkenntnis über das Schicksal ihres Mannes gelassen. Trotz ihres großen Leids verzieh sie aber ihren Peinigern, da sie Trost durch eine Offenbarung der Gegenwart Christi fand. Immer wieder hat sie in ihrem späteren Leben die Echtheit dieser Erfahrung unter Beweis gestellt. Auch die junge französische

Schriftstellerin Simone Weil erlitt nach der Niederlage Frankreichs im Zweiten Weltkrieg ein schweres Schicksal, und auch sie hatte ein Christus-Erlebnis. Unlängst erschien in Schweden eine Sammlung etlicher Dokumente meist anonymen Ursprungs, die von den beiden schwedischen Theologen Gunnar Hillerdal und Berndt Gustafsson mit großem Feingefühl herausgegeben und kommentiert wurde. Das Buch ist kurz darauf auch in Deutschland veröffentlicht worden, und im Geleitwort zur deutschen Ausgabe verweist Dr. Boris Tullander auf Rudolf Steiners Voraussage. Die in dieser Anthologie enthaltenen Zeugnisse helfen sehr zu verstehen, was die «Wiederkunft Christi in den Wolken» bedeuten mag.

Wir haben gesehen, daß sich die Elementarwesen insbesondere in den Grenzbereichen der Dinge aufhalten, zum Beispiel dort, wo Erde und Wasser oder Wasser und Luft aufeinandertreffen. Aber sowohl in der Natur als auch im Leben des Menschen gibt es noch viele andere Grenzbereiche, an denen nicht nur die Elementarwesen Anteil haben. Auch das Wirken Christi wird in Grenzsituationen offenbar, ohne daß es das, was sich beiderseits der Grenzen befindet, berührt. Christus offenbart seine Gegenwart besonders dann, wenn jemand, der Trauer und Einsamkeit empfindet, weil er sich über einen oder mehrere Mitmenschen oder aber über die gesamte Welt sorgt, an solche Grenzen gelangt. Ein Kapitel der schwedischen Anthologie befaßt sich mit Künstlern, meist Malern oder Bildhauern, Menschen also, die sehr häufig mit großer Betroffenheit an der Grenze zwischen der Welt, die sie wahrnehmen, und ihrer eigenen Arbeit stehen. Einer der zitierten Maler schildert das Erlebnis der Stimme Christi tief in seinem Innern und sagt dann: «Er gibt mir keine großartigen Erklärungen über die Welt, aber er lehrt mich, die vier Elemente zu verstehen. Er erklärt mir das Wesen von Wasser, Feuer, Luft und Erde. Er hat mich erhellt mit dem Licht, das im Innern scheint, so daß ich es nicht vergessen kann. [...] Er lehrte mich die Farben verstehen und in der Welt der Sinne die Sprache des Lichts lesen. Geduldig und unermüdlich erklärt er mir alles.»

Ein anderer Maler hingegen beschreibt eine Erfahrung, die sich aus vielfältigen Wahrnehmungen zusammensetzt. Wir sollten nicht vergessen, daß das, was einzelnen Menschen aus dem Reich der geistigen Wirklichkeit zuteil wird, sie nur auf eine Art und Weise erreichen kann, die ihrer speziellen Situation und ihrer Erfahrungswelt angepaßt ist, obgleich sich auch immer etwas Neues und Erstaunliches dabei zeigt. Besagter Maler hatte an einem Bild gearbeitet, das ein paar Blumen und einen Feigenbaum darstellt. Er legte es unvollendet weg, und es blieb darauf etwa zwanzig Jahre lang im Keller versteckt. Dann erst holte er es wieder hervor und begann aufs neue, daran zu arbeiten, währenddessen sein Interesse mehr und mehr wuchs. Als er das Bild vollendet hatte, stellte er es vor seine Balkontür und setzte sich auf ein Sofa an der gegenüberliegenden Wand.

«Da schien es mir, als ob Christi Augen und auch seine Hände sich bewegten. Die Blumen im Garten bekamen Leben. Sie waren zu Menschen geworden, die

Christus umgaben. Dann sah ich Christus von einer Seite des Bildes zur andern schwanken. O, wie er sprach! Aber ich vernahm nur ein Wort: ‹Gethsemane›. Es blitzte, und Christus verschwand in einem lichtblauen Mantel.

An seiner Stelle saß Maria da, angetan mit einem roten Mantel, und hielt ein kleines Kind im Arm. Sie und auch das Kind bewegten sich. Eine Stimme sprach: ‹Christus ist wiedergeboren.› Dann sah ich wieder einen Blitz, und Christus stand wieder da wie vorher. Er sprach die ganze Zeit, ich sah, wie sich seine Lippen bewegten, aber ich vernahm jetzt keine Worte. Alles dies wiederholte sich mehrmals. Einmal war es Christus, dann wieder Maria mit dem Kind.»

Vieles in diesem Bericht verdient Aufmerksamkeit. Mit einigen anderen Dokumenten hat er gemein, daß ein Garten darin eine wichtige Rolle spielt. Christus erscheint oft von Bäumen und schwebenden Blumen umgeben. Manchmal wird sein Gesicht in einem Strauß von Blumen sichtbar, die nicht im Gartenboden zu wurzeln scheinen. In diesem Fall hier erlebt der Maler intensiv mit den Augen und vernimmt nur ein einziges Wort. Der Garten Gethsemane liegt am Fuße des Ölbergs in Richtung Jerusalem nahe am Kidron, einem kleinen, zeitweilig versiegenden Fluß. Die erwähnten Blitze erinnern an die Aussage Jesu, daß er bei seinem zweiten Kommen wie ein Blitzstrahl von Osten nach Westen erscheinen würde. Und schließlich verdeutlicht der vorgenannte Bericht, daß offenbar einige Menschen in unserem Jahrhundert als erstes Ergebnis ihres neu erwachten Anschauungsvermögens eine Vision der Mutter Gottes erleben. Der betreffende Maler hatte später noch eine Vision, in der auch ein Kind eine Rolle spielte. Diese Erfahrungen blieben während seines weiteren Lebens sehr lebendig in ihm.

In vielen Fällen ist das visionäre Erlebnis jedoch von wesentlich einfacherer Art. Meist enthält es zwei Sinneswahrnehmungen, nämlich das Hören und Sehen, aber manchmal auch nur eines von beiden. Ein pensionierter Mann berichtete den Herausgebern der Anthologie von einer Vision, die er im Alter von zweiundzwanzig Jahren 1923 zum Zeitpunkt seines Abiturs erlebt hatte. Damals wurde er schwer krank, und infolge dieser Erkrankung schienen seine Zukunftspläne bedroht. Er war «deprimiert und unsicher»: «Eines Nachts sah ich Christus aus dem Dunkel hervorkommen; er war auffallend, jedoch mild leuchtend, er beugte sich über mich und mein Bett. Er glich keinem der traditionellen Christusbilder. Was mir am meisten auffiel, war die Macht seiner Augen, Macht und Milde zugleich. Dann zog sich das Bild still zurück in das Dunkel zur Wandseite hin und verschwand. Aber in der zurückweichenden Bewegung lag eine starke Mahnung, die ich so deutete: ‹Suche mich!›»

Kaum einer der Berichterstatter konnte die übrigen gekannt noch deren schriftliche Aufzeichnungen gesehen haben. Dennoch gibt es eine auffällige Übereinstimmung bezüglich der Beschaffenheit der Augen Christi. Immer scheinen sie von unaussprechlicher Liebe erfüllt. Dies ruft uns noch einen anderen großen

Augenblick in der Geschichte des Christentums in Erinnerung. Der Lieblingsjünger Johannes wurde auf der Insel Patmos gefangengehalten und mußte dort vermutlich Zwangsarbeit in den Steinbrüchen verrichten. Er war sowohl von seiner Gemeinde als auch wahrscheinlich von der Mutter Jesu getrennt, mit der er in Ephesus gelebt hatte. Eines Sonntags wurde er «vom Geist ergriffen» und hörte hinter sich eine gewaltige Stimme wie von einer Posaune. Als er sich umwandte, um nach der Stimme zu sehen, die zu ihm sprach, sah er «sieben goldene Leuchter und mitten unter den Leuchtern einen, der war einem Menschensohn gleich, angetan mit einem langen Gewand und gegürtet um die Brust mit einem goldenen Gürtel. Sein Haupt aber und sein Haar war weiß wie weiße Wolle, wie der Schnee, und seine Augen wie eine Feuerflamme und seine Füße wie Golderz, das im Ofen glüht, und seine Stimme wie großes Wasserrauschen; und er hatte sieben Sterne in seiner rechten Hand, und aus seinem Munde ging ein scharfes, zweischneidiges Schwert, und sein Angesicht leuchtete, wie die Sonne scheint in ihrer Macht. Und als ich ihn sah, fiel ich zu seinen Füßen wie tot; und er legte seine rechte Hand auf mich und sprach zu mir: Fürchte dich nicht! Ich bin der Erste und der Letzte und der Lebendige. Ich war tot, und siehe, ich bin lebendig von Ewigkeit zu Ewigkeit und habe die Schlüssel des Todes und der Hölle» (Offb. 1, 12–18).

Die Gestalt des Menschensohns erscheint hier mit sieben Attributen ausgestattet, und jedes einzelne verrät tiefere Bedeutung. Das vierte Attribut zum Beispiel sind «seine Augen wie eine Feuerflamme». Die Augen der Menschen sind zwar auf wunderbare Weise durch das Licht für das Licht geschaffen, aber es fällt irgendwie schwer, mit dem Verstand nachzuvollziehen, wie sie Wärme auszudrücken vermögen. Und dennoch erscheinen menschliche Augen manchmal kalt und unberührt und manchmal sowohl klar als auch warm. Als sich Christus Jesus dem Grab von Johannes Lazarus genähert hatte, hatte er Tränen vergossen; hier aber scheinen seine Augen und sein Blick wie eine Feuerflamme zu glühen. Ein vereinsamter Mensch mag die Fähigkeit, den Blicken anderer zu begegnen, fast verlieren, aber die Verfasser jener gesammelten Berichte scheinen keine Schwierigkeit darin gefunden zu haben, den Blicken von Jesus zu begegnen, obgleich das Licht, das ihn umgibt, manchmal als blendend hell beschrieben wird. Sie wollen offenbar, daß ihre Schwächen erkannt werden, und sie wissen, daß aus dieser Erkenntnis keine Verachtung folgt. Rudolf Steiner sagte einmal, daß er einem Menschen, der sich auf der Suche befindet, nichts Tieferes vermitteln könne als die Worte: «Christus sieht uns.»

Ein weiteres Dokument in der Sammlung stammt von einer Frau, die einen großen Kummer erlebt hatte, der ihr Gemüt erfüllte. Sie war eine treue, traditionsbewußte Christin und pflegte jeden Morgen folgendes Gebet zu sprechen: «Ich danke dir, Gott, daß du mich heute nacht bewahrt und beschützt hast.» Aber während der schwierigen Zeit entdeckte sie plötzlich, daß sie unfähig war zu beten infolge der Traurigkeit, die ihre Gedanken beherrschte. Als sie eines Morgens aufwachte, hörte sie die Worte: «Warum betest du nicht?», die sie wie einen Blitz empfand, der den Raum durchzuckte. Sie antwortete: «Nein, ich kann nicht beten, jetzt wo mein Sinn von all dem Kummer erfüllt ist.» Da hörte sie deutlich die Worte: «Sollte ich ihn nicht durchdringen können? Ich, der ich von den Toten auferstanden bin? Jedesmal wenn Licht die Finsternis durchbricht, auferstehe ich wieder, geschieht die Auferstehung aufs neue.»

Wie kann ein Mensch dem Blitz des plötzlichen, völligen Erkanntseins gegenübertreten? Eine einsame Seele mag Mauern um sich errichten, die auf einem Schuldgefühl gründen. Das Bewußtsein kleiner oder großer Vergehen wird oft zum Gefängnis. Die Einsamen und Schuldbewußten wollen nicht gesehen werden, und ihre Seele verbirgt sich hinter den Mauern. Dies kann bereits schon in der Jugend oder noch früher geschehen und ernsthafte Folgen haben. *Philia* und *agape* vermögen beide, solche Mauern zum Einsturz zu bringen. Aber selbst die einsamste Seele mag einen guten Freund haben. Doch auch Freundschaften sind von Höhen und Tiefen geprägt, und ein ernsthaftes Problem entsteht dann, wenn in einer Freundschaft der eine etwas fragt, worauf der andere, der Einsame von beiden, keine Antwort geben kann. Es ist nicht leicht für uns zu glauben, daß Christus an unseren Freundschaften teilhat, aber es verhält sich so, und das vorgenannte Beispiel stellt einen jener typischen Augenblicke der Betrübnis dar, in denen wir uns an einer Grenze befinden, an der die Gegenwart Christi empfunden werden kann.

In einem der in der Sammlung abgedruckten Berichte schildert eine Krankenschwester, wie sie an einem Winterabend 1940 oder 41 in ihre Heimatstadt kommt, um eine alte Schulfreundin zu besuchen. Die beiden Frauen sitzen am Kamin und sprechen über Gott. Die Freundin bedrängt die Krankenschwester, ihr etwas zu erzählen, das ihren Glauben zu kräftigen vermag.

«Ich suchte nach Worten, lehnte mich an den Stuhlrücken, fühlte mich sehr müde. Die Zunge wollte keine Worte formen. Aus dem dunklen Speisezimmer hinter mir kam etwas. Wie Feuer durchfuhr es mich. Ich konnte den Kopf nicht drehen. Ich sah geradeaus am Tisch vorbei. Jemand stand einen Augenblick an meiner Seite. Ich sah, obgleich der Blick starr nach vorn gerichtet war, eine Gestalt in einem faltenreichen Gewand. Die Augen! – so erfüllt von strahlender Liebe. So stark und durchdringend war der Blick! Jemand verweilte einen Augenblick schräg vor mir, zwischen meiner Freundin und mir. Tränen traten mir in die Augen, ich saß wie scheintot. Aber in meinem Innern pulsierte warmes Leben.»

Die Freundin ist erschreckt, ruft den Namen der andern und bittet sie, Licht zu machen. Sie ist sehr verstört über das, was geschehen ist, und meint, daß sie zu niemandem davon ein Wort sprechen sollten. Die Krankenschwester hingegen hütet das Geschehnis ihr Leben lang als einen kostbaren Schatz. Es scheint, als sei keine wirkliche Kommunikation zwischen den beiden Frauen zustande gekommen.

Jede, auch die unangenehmste Begegnung mit einem anderen Menschen sollte sehr ernst genommen und so deutlich wie möglich in Erinnerung behalten werden. Es ist ein großer Schritt zum geistigen Erwachen hin, wenn wir zu der Erkenntnis gelangen, daß alle Begegnungen in unserem Leben und deren spätere Auswirkungen die lebendige Gegenwart Christi berühren. Zum Zeitpunkt der Bergpredigt lehrte er seine Jünger: «Liebet eure Feinde, tut wohl denen, die euch hassen.» Damit meinte er nicht eine ausdruckslose, allgemeine Form von Liebe, sondern eine warme, sehr konkrete und individuelle Empfindung, die die Bereitschaft einschließt, sowohl zu verstehen, daß der «Feind» so geworden ist, wie er sich nun zeigt, als auch auf seine Zukunft zu vertrauen. Vieles in uns begehrt dagegen auf. Es gibt die bildhafte Redewendung «einen Groll hegen», die zum Ausdruck bringt, daß wir solche widerborstigen Gesellen in unsere Arme nehmen und behüten. Oft hindern wir andere Menschen, die freundlich sein wollen, daran, denen zu begegnen, die wir als «Feinde» empfinden, indem wir deren Verhalten in allen Einzelheiten schildern. Dagegen ist es manchmal wert, sich darüber Gedanken zu machen, wie jemand, der sich in seinem Verhalten uns gegenüber als völlig unannehmbar erwiesen zu haben scheint, von denen gesehen wird, die mit ihm zu tun haben, von seiner Frau, seinen Kindern, seinen Geschäftspartnern, seinem Hund ...

Es ist der Wille Christi, daß wir die Gedanken und Meinungen anderer erkennen und akzeptieren. Jede Meinung ist irgendwie wertvoll, auch wenn ihr Wert manchmal nur sehr schwer erkennbar sein mag. Vor allem sollten wir andere Meinungen nicht deshalb verwerfen, weil sie den allgemein in unserem Umfeld akzeptierten Vorstellungen und Gepflogenheiten widersprechen.

Christus ist der große Vermittler. Er vermittelt aber nicht nur zwischen Menschen, sondern auch zwischen den verschiedenen Elementen unseres eigenen Seins. Wir sind nicht nur, was irdische Faktoren wie Erbanlagen oder Umwelt aus uns gemacht haben, sondern wir verfügen auch über eine einzigartige, geistige Individualität, die uns aus anderen Welten und anderen Leben zuteil geworden ist, wie wir versucht haben zu veranschaulichen. Insbesondere im Alter von etwa zwanzig Jahren können furchtbare Spannungen zwischen dem Ewigen und dem Alltäglichen in uns entstehen, die manchmal zu bedrohlichen Depressionen führen. Christus sucht jedoch in ganz besonderer Weise, diese Elemente unseres Seins miteinander zu versöhnen, so daß beide einander gelten lassen. So müssen wir zum Beispiel lernen zu akzeptieren, daß wir Menschen nicht nur urbane Geschäftsleute sind, die einem bestimmten kulturellen Hintergrund angehören, sondern daß wir auch schöpferische Geister sind, die dem Universum angehören.

Dieses Wirken Christi wird jedoch nicht nur denen zuteil, die an ihn glauben oder seine Gegenwart schauen. Christus ist in allen Grenzbereichen unseres Seins zugegen, und in uns wirkt er an der Grenze zwischen dem Bewußten und dem Unbewußten. Keine der verschiedenen Formen der Liebe ist aber entweder völlig bewußt oder völlig unbewußt, und alle, *eros* eingeschlossen, sind für Christus von größter Wichtigkeit. Am Tage leben wir bewußt und werden darin von der Lebendigkeit unserer Sinne unterstützt; nachts aber, wenn wir schlafen, dringen aus uns sehr rege Impulse nach oben, obgleich wir uns dessen nicht bewußt sind. Als Folge davon geht es uns oft am nächsten Morgen ganz anders als am Tag zuvor. Daher ist es besonders wichtig, darauf zu achten, daß sich die vier Brücken, die wir in dieser Schrift beschrieben haben, in gutem Zustand befinden, bevor wir uns schlafen legen oder wenn wir aufwachen. Denn gerade zu diesen Zeiten, vor allem am frühen Morgen, können wir unsere Seele auf die Begegnung mit Christus in seiner ganzen Wirklichkeit vorbereiten. Wir haben zwar keinen Anspruch darauf, aber zu irgendeinem Zeitpunkt unserer langen Reise wird diese Begegnung geschehen, und unsere Vorbereitung darauf kann insbesondere darin bestehen, uns die vielen Grenzen, die wir überschreiten müssen, und die vielen Lücken in Zeit und Raum, die irgendwie überbrückt werden müssen, bewußt zu machen. Die Einsamkeit ist der Hilferuf, der aus der Leere einer solchen Kluft dringt. Wir wissen, daß jeder von uns einen Menschen braucht, der ihm geistig nahe ist. Aber die Einsamkeit kann auch eine Chance sein, unser Bedürfnis nach anderen Formen der Gemeinschaft zu erkennen, mit Tieren und Pflanzen, mit den Elementarwesen, mit den Verstorbenen, mit den Engeln und mit der göttlichen Dreifaltigkeit. Der Vater wirkt tief in unserem Innern, der Heilige Geist in unserem Bewußtsein, und der Sohn kommt zu uns und vermittelt kaum spürbar zwischen allen Reichen unseres Seins. Wenn wir das Empfinden haben, zu allen diesen Formen der Gemeinschaft aufgerufen zu sein, so beginnt die Einsamkeit sich zu verwandeln; sie vertieft unsere Fähigkeit zu lieben und stärkt unsere Fähigkeit zu lernen.

Literaturverzeichnis

Bock, Emil: *Beiträge zur Geistesgeschichte der Menschheit,* Bd. 4: *Cäsaren und Apostel,* Stuttgart ^{6}1983.

Burkhard, Ursula: *Karlik. Begegnungen mit einem Elementarwesen,* Weissenseifen-Michaelshag ^{3}1987.

Douglas, James Sholto / Hart, Robert A. De J.: *Forest Farming,* London 1984.

Hillerdal, Gunnar / Gustafsson, Berndt: *Sie erlebten Christus,* übers. von Boris Tullander, Basel ^{2}1980 (Berichte aus einer Untersuchung des Religionssoziologischen Instituts Stockholm).

Julius, Frits Hendrik: «Nature-Spirits», in: *The Golden Blade 1971,* London 1970, S. 131–135. Das holländische Original ist in den *Mededelingen van de Anthroposofische Vereniging in Nederland* 1962 Nr. 5, 6, 7/8 erschienen.

Lusseyran, Jacques: *Et la lumière fut,* Paris 1953; deutsch: *Das wiedergefundene Licht*, übers. von Uta Schmalzriedt, Stuttgart ^{7}1987.

Mayer, Johannes / Tradowsky, Peter: *Kaspar Hauser. Das Kind von Europa,* Stuttgart 1984.

Ohnuma, Tadahiro: «Kotodama: The Speech Formation of Japan», in: *The Golden Blade 1984,* London 1983.

Shakespeare, William: *Heinrich IV.,* Teil I und II. (Erich Fried: *Shakespeare-Übersetzungen*, Berlin 1986.).

– *Ein Sommernachtstraum / Zwölfte Nacht oder Was ihr wollt*, (Erich Fried: *Shakespeare-Übersetzungen*, Berlin 1970).

– *Hamlet/Othello* (Erich Fried: *Shakespeare-Übersetzungen*, Berlin 1972).

Steiner, Rudolf: *Das Lukas-Evangelium*, Dornach [8]1985 (Gesamtausgabe Bibliographie-Nr. 114).

– *Der Mensch als Zusammenklang des schaffenden, bildenden und gestaltenden Weltenworts*, Dornach [6]1985 (Gesamtausgabe Bibl.-Nr. 230).

– *Die geistige Führung des Menschen und der Menschheit. Geisteswissenschaftliche Ergebnisse über die Menschheitsentwickelung*, Dornach [10]1987 (Gesamtausgabe Bibl.-Nr. 15).

Waterman, Charles (d. i. Charles Davy): «Beethoven's Two Worlds», in: *The Golden Blade 1970*, London 1969, S. 109–130.

falter

In der Lösung von Rätseln, die uns die eigene Seele aufgibt, entfaltet sich das Geheimnis der menschlichen Freiheit.

1

Einsamkeit

von Adam Bittleston

Es ist die Einsamkeit, die unsere Fähigkeit zu lieben vertieft und unsere Fähigkeit zu lernen stärkt.

2

Vom Engel berührt

Schicksalsbegegnungen erzählt von Dan Lindholm

Der Lösung von Schicksalsfragen kommen wir dadurch näher, daß wir wach werden für die Wirksamkeit geistiger Wesen in der eigenen Biographie.

3

Weihnachten

Die drei Geburten des Menschen
von Georg Kühlewind

Der Weg von Advent zu Epiphanias ist die Vorbereitung der menschlichen Seele auf die Geburt des eigenen höheren Ich.